FUNDAMENTOS BÁSICOS
DE LA AUDITORÍA FINANCIERA

Cecilia Catalina Toscano Morales
Francisco Iván Granja Ortiz
Lilián Maritza Gallegos Guevara

Dedicatoria

A la familia y los amigos

Índice

PRESENTACIÓN 6

CAPÍTULO 1

ANTECEDENTES 7

1.1	EVOLUCIÓN HISTÓRICA DE LA AUDITORÍA	7
1.2	FILOSOFÍA DE LA AUDITORÍA	10
1.2.1.	ANTIGUA	11
1.2.2.	MODERNA	12
1.3	EL CONTADOR PÚBLICO ECUATORIANO FRENTE A LAS LEYES, NORMAS Y CÓDIGOS	15
1.3.1.	LEY DE CONTADORES	15
1.3.2.	CÓDIGO DE ÉTICA PROFESIONAL	18

CAPÍTULO 2

CONTROL INTERNO 21

2.1	LA IMPORTANCIA DE LA PALABRA CONTROL	21
2.2	EL CONTROL INTERNO	22
2.3	LA AUDITORÍA Y LOS CONTROLES INTERNOS	28
2.4	LOS PRINCIPIOS DE CONTROL INTERNO	29
2.5	MÉTODOS DE EVALUACIÓN DEL CONTROL INTERNO	40
2.6	EL PRODUCTO FINAL DEL CONTROL INTERNO	54
2.7	PREGUNTAS DE REPASO	55

CAPÍTULO 3

ELEMENTOS DE TRABAJO 56

3.1	LAS TÉCNICAS DE AUDITORÍA Y SU CLASIFICACIÓN	56
3.2	PROGRAMAS DE AUDITORÌA	59
3.2.1	INTRODUCCIÓN	59
3.2.2	DEFINICIÓN	59
3.2.3	PREPARACIÓN	59
3.2.4	FACTORES A CONSIDERAR	60
3.2.5	CONTENIDO	60
3.2.6	CLASES DE PROGRAMAS	61
3.3	EVIDENCIA DE AUDITORÌA	63
3.3.1	DEFINICIÓN	63
3.3.2	PROCEDENCIA	64
3.3.3	SUFICIENCIA DE LA EVIDENCIA	64
3.3.4	COMPETENCIA DE LA EVIDENCIA	65
3.3.5	EVIDENCIA PERTINENTE	65
3.3.6	CLASIFICACIÓN DE LA EVIDENCIA	66
3.3.7	COSTO DE OBTENCIÓN	68
3.4	LOS PAPELES DE TRABAJO Y SUS FORMAS DE ARCHIVO	68
3.4.1	DEFINICIÓN	68
3.4.2	IMPORTANCIA PARA EL AUDITOR	69
3.4.3	PROPÓSITO DE LOS PAPELES DE TRABAJO	69

3.4.4	*TÉCNICAS PARA LA PREPARACIÓN DE LOS PAPELES DE TRABAJO*	*70*
3.4.5	*CONSIDERACIONES GENERALES*	*70*
3.4.6	*CLASES DE PAPELES DE TRABAJO*	*71*
3.4.7	*REGLAS BÁSICAS PARA LA ELABORACIÓN DE PAPELES DE TRABAJO*	*73*
3.4.8	*FORMATOS DE PAPELES DE TRABAJO COMUNMENTE UTILIZADOS*	*77*
3.4.9	*ARCHIVO DE PAPELES DE TRABAJO*	*77*
3.5	MARCAS, ÍNDICES Y TÉCNICAS DE REFERENCIACIÓN CRUZADA	79
3.6	PREGUNTAS DE REPASO.	80

CAPÍTULO 4

PROCESO DE LA AUDITORÍA 82

4.1	EL PROCESO DE CONTRATACIÓN DE LA AUDITORÍA	82
4.2	BASES PARA LA PLANIFICACIÓN ESTRATÉGICA, PLANIFICACIÓN ESPECÍFICA Y PROGRAMACIÓN DE LA AUDITORÍA	85
4.3	LA COMUNICACIÓN DE LOS RESULTADOS	90
4.4	PREGUNTAS DE REPASO	93

BIBLIOGRAFÍA..94

PRESENTACIÓN

Los temas de este trabajo tienen varios objetivos, uno de ellos es proporcionar al lector una noción de las herramientas, utensilios, materiales y otros elementos que utilizamos los Contadores Públicos en funciones de Auditoría, para realizar un examen.

Los elementos en el argot de los auditores los conocemos como "Principios de Contabilidad", "Normas de Auditoría", "Estructuras de Control Interno", "Técnicas de auditoría", y así interminables técnicas y términos propios de la Contaduría; palabras rebuscadas, usurpadas o halladas en profesiones que nos brindan apoyo. No es difícil por tanto leer o escuchar "examinamos", "del diagnóstico efectuado", etc.

Los elementos de trabajo están determinados en Principios, Normas, Leyes y Códigos conocidos por los Contadores Públicos, que correctamente utilizados, nos ayudarán a recordar en algunos casos y a ilustrarnos en otros de "lo que es la auditoría".

Este trabajo constituirá para el lector un prontuario, un compendio de experiencias, una revisión global, un esquema sintético de la magnitud e importancia de la profesión de la Contaduría Pública en el área de Auditoría; y para el autor la satisfacción de transmitir un vademécum de experiencias.

CAPÍTULO 1
ANTECEDENTES

1.1 EVOLUCIÓN HISTÓRICA DE LA AUDITORÍA

1.1.1. En el mundo

Partamos de la idea que la naturaleza tiene un "balance" denominado "ecológico" y podríamos pensar en un "control" del mismo; que nada sobre la tierra es nuevo y que todo lo que actualmente conocemos existió en tiempos inmemoriales.

El hombre desde que tuvo propiedades pensó en "controlar" sus bienes y mantener sobre ellos información económica y financiera.

El antiguo Egipto controlaba la producción de las tierras y efectuaba reservas de alimentos para las épocas de sequía y los escribas mantenían datos numéricos para brindar información al Faraón. En ese momento apareció en forma incipiente la profesión de la "teneduría de libros" como un servicio para establecer los valores de los bienes y consecuentemente poder determinar el honesto manejo de los ingresos y egresos que tenía el estado.[6]

La Auditoría nace en épocas tan remotas y se conoce a ciencia cierta que en los años 1820 – 1850 era en la que empezó la Revolución Industrial y Mercantil, se crearon las sociedades anónimas en la Gran Bretaña, cuyos capitales se obtenían de pequeños ahorristas.

La incompetencia en la dirección de estas sociedades manejadas por personas inescrupulosas e inexpertas dio como resultado el "gran botín de la quiebra"[7] con la correspondiente pérdida y falta de confianza en las inversiones por parte del público, sintiéndose la necesidad de evaluar a dichas empresas que con gran facilidad perjudicaban a sus accionistas.

---

[6] La Santa Biblia.- Historia de José.- Libro de Génesis.- Cáp. 41,1-57
[7] EDICIONES ANAUDA: Revista Alta Dirección 1986. Año XII N°65. España.

El Estado Inglés ante la demanda de sus ciudadanos se vio precisado a proteger los intereses sociales y aprobó en 1880 la Constitución del Instituto de Auditores. Esta determinación hace que la Gran Bretaña sea considerada como la cuna de la Auditoría.

Los británicos introdujeron la profesión de la Contaduría en los Estados Unidos de Norteamérica y los contadores de este país adoptaron el modelo británico de información.

La ausencia de requerimientos estatutarios para que los accionistas dispusieran de Auditorías condujo en el siglo XIX a la existencia de una gran diversidad de Auditorías que comprendían desde Auditorías de Balance General hasta los más amplios y detallados análisis de todas las cuentas de una corporación. Los auditores generalmente eran contratados por la gerencia o por la junta directiva de una corporación y su informe estaba destinado a estos funcionarios más que a los accionistas.

Los informes a los accionistas sobre los manejos administrativos eran pocos frecuentes, en cambio, a los directores de las corporaciones les interesaba obtener de los auditores la seguridad de que no hubo fraudes ni errores de copia.

La contaduría se desarrolló rápidamente en América después de la Primera Guerra Mundial pero el fenómeno de las "quiebras" se repitió debido a la falta de información económica – financiera real, de la marcha de las empresas y las quejas de los inversionistas lo que obliga al Congreso de los Estados Unidos a promulgar leyes para defender los intereses populares.

Las concepciones erróneas acerca de la función de los auditores independientes estaban tan extendidas que en 1917 el Tribunal Federal de Reserva publicó, en el Boletín Federal de Reserva, un documento preparado por el Instituto Americano de Contadores, creado en 1916 y que se convertiría en el Instituto Americano de Contadores Públicos en 1957; estableciendo una contaduría uniforme. Este pronunciamiento técnico en los Estados Unidos fue el primero de los que serían emitidos por la colectividad profesional americana en el siglo XX.

Durante gran parte de este siglo los contadores públicos elaboraron sus informes siguiendo muy pocas orientaciones formales. Sin embargo, la profesión desarrolló rápidamente un lenguaje común de información a través del AICPA. Dicho lenguaje se halla tan extendido en la actualidad que el informe de una Auditoría ya no representa un problema de escritura; **es un proceso de decisión.**

La gran expansión que en todos los órdenes han tenido los Estados Unidos de Norteamérica, la honestidad de los contadores públicos y las leyes de protección de su actuación, han dado como resultado el gran desarrollo de la Auditoría, actualmente se la considera como la pionera en la investigación y desarrollo de la profesión de la Contaduría Pública.

Otra versión de la función de Auditoría dice que: "Las auditorías han existido aproximadamente desde el siglo XV." El origen exacto de las auditorías de informes financieros es objeto de controversia, pero se sabe que hacia el siglo XV, algunas familias pudientes establecidas en Inglaterra recurrían a los servicios de Contadores experimentados para asegurarse de que no había fraude en las cuentas que eran manejadas por los administradores de sus bienes. Aunque el origen de la función de Auditoría es remoto, su verdadero desarrollo corresponde al siglo XX.

1.1.2. En el Ecuador

El control en el Ecuador tiene una trayectoria que viene desde las sabias normas y previsiones contenidas en la Ley de Indias, puesta en vigor por la Corona de España con la institucionalización de los "Tribunales de Cuentas"[4] hasta los tiempos de la República; la promulgación de la Ley de Hacienda en 1863, por el Presidente Gabriel García Moreno y la creación de la Contraloría General de la Nación en 1927, como consecuencia del asesoramiento prestado al país por la misión económica, bancaria y administrativa presidida por el Señor Edwin Kemmerer. (Misión Kemmerer).

---

[4] Reseña histórica de la Contraloría General del Ecuador. 1971. Pág. 101

El control que estuvo en el pasado firmemente ligado a las aptitudes y actitudes éticas de los sectores fiscales: Mayores, Alguaciles y Jueces de Cuentas carecieron, como era normal, de profesionalismo en materia de Contabilidad y de las condiciones modernas con las que actualmente cuenta la Auditoría.

La fundación de la Contraloría General de la Nación, por parte de la Misión Kemmerer, inició el control con una línea de fiscalización y un rigor contable de "Cuenta Única" que debía ser presentada por los "rindentes" o "caucionados" en los cinco primeros días de cada mes.

Al pasar los años, la Ley de Hacienda demostró que estaba orientada principalmente a la prevención de desfalcos, defraudaciones y un nuevo concepto fue incorporado con la creación de la Ley Orgánica de Administración Financiera y Control conocida vulgarmente como LOAFYC.[5]

Esta ley hace alusión a la "Administración por Objetivos" y el examen de Auditoría evalúa metas logradas y programas realizados por las Instituciones del Estado.

Desde 1927 hasta 1973 la Contraloría General del Estado, orientó su acción en el sistema aritmético de Contabilidad y Control Fiscal de los recursos públicos; modalidad que se consideró inoperante desde 1973 debido al gran impulso y desarrollo del sector público que obligó a cambiar esa forma de control, mediante la tecnificación de la Contabilidad y Auditoría Gubernamental.[6]

1.2 FILOSOFÍA DE LA AUDITORÍA

Para comprender la Filosofía de la Auditoría debemos analizar la palabra Filosofía. Es un vocablo que proviene del griego PHILOS que significa amigo y SOPHIA que significa ciencia.

---

[5] Registro Oficial 337. Marzo 1977
[6] Reseña histórica de la Contraloría General del Ecuador. 1971. Pág. 78

En resumen podríamos decir que Filosofía tiene como acepción "Amigos de la Ciencia".

El diccionario pequeño Larousse ilustrado, edición 1999 manifiesta que Filosofía significa "Estudio racional del pensamiento humano, desde el doble punto de vista del conocimiento y de la acción..."

La palabra "pensamiento" nos obliga adentrarnos a la intención y opinión con la que el Contador actuaba en la antigüedad y trabaja en la actualidad; en conclusión la Auditoría ha tenido dos épocas claramente definidas:

ANTIGUA

Durante este período y debido especialmente a las peculiares circunstancias de la época, "...desarrollo de un gran número de sociedades con divorcio total entre accionistas y administradores, desarrollo del comercio del Imperio Británico con los países de ultramar, con la consiguiente creación de sociedades ubicadas en varios países y su necesario control; quiebras y suspensiones de pagos en sociedades recientemente creadas, etc...." [7], era lógico que el objetivo de la Auditoría fuese defensivo, ya que consistía en la prevención y el descubrimiento de errores, fraudes u otras manipulaciones insanas en los libros o registros contables.

El auditor actuaba como detective, realizando un examen exhaustivo de todas las transacciones contables con el ánimo de prevenir fraudes y proteger a los accionistas, proporcionándoles cifras e importes dignos de confianza. Los auditores verificaban las anotaciones contables con los documentos originales, comprobaban su pase correcto a los libros auxiliares, los sumaban y verificaban su traslado al libro mayor, sumando también este último.

Su mente estaba enfocada al apunte contable y al comprobante, siendo su tarea de gran detalle y de tipo mecánico. Tal situación era su misión.

En esta época, la Auditoría se realizaba únicamente sobre el Balance General, por eso se la denominaba "Auditoría de Balance". El Estado de Resultados era considerado como

---

[7] Ibidem. Nota 2. Pág. 17

"secreto" por parte de la compañía, es decir totalmente confidencial para terceras personas, incluido el Auditor.

Una vez realizada la "Auditoría de Balance" el auditor entregaba su informe al cliente que estaba compuesto del balance y de la "certificación" que expedía sobre el mismo, dando "fe" de la exactitud y corrección.

1.2.2. MODERNA

En esta época la Auditoría inició una nueva etapa, cambiando substancialmente todo el enfoque anterior. Este cambio en la Filosofía de la profesión vino impuesto por la lógica evolución en el ámbito de los negocios.

Las causas que profundamente influyeron en este cambio fueron las siguientes:

a) El incremento en el volumen de las empresas, especialmente en los Estados Unidos y la Gran Bretaña. Con este incremento ya no fue posible ni viable la revisión de todas las transacciones contables de la empresa. El auditor tuvo que acudir forzosamente al muestreo de algunas transacciones, ya que el examen exhaustivo de todas ellas, tal como se realizaba anteriormente, era imposible por razones de tiempo y por consiguiente prohibitivo en costo. El uso del muestreo fue imponiéndose poco a poco hasta llegar a ser totalmente aceptado, no solamente en la profesión de la Auditoría sino por todos los empresarios.

b) Mejoras en los procedimientos de Contabilidad y las medidas de control interno, totalmente necesarias debido al incremento en el volumen de las empresas, con la correspondiente subdivisión del trabajo y la necesidad de disponer de nuevos métodos de planificación y control de las operaciones.

Como consecuencia de estos cambios, los procedimientos generales de actuación del Auditor en el desarrollo de su tarea, se dividieron en dos etapas claramente diferenciadas:

<u>Revisión y evaluación de Control Interno</u>: El Auditor vio que procediendo a revisar y evaluar la extensión y efectividad del control interno era posible determinar el grado de confiabilidad a depositar tanto en los registros contables como en los documentos.

El objetivo primario de la auditoría, de prevención y descubrimiento de errores, fraudes y otras manipulaciones indebidas del balance, cambió radicalmente. En la actualidad el objetivo de una auditoría externa independiente de los estados financieros, consiste en la expresión de una opinión sobre la razonabilidad con la que dichos estados presentan la situación financiera, los resultados de sus operaciones, los cambios en su posición financiera y los cambios en el patrimonio de acuerdo con los principios de contabilidad generalmente aceptados, aplicados uniformemente en relación a los del año o período anterior si lo hay.

Otro de los cambios introducidos en la profesión fue el incremento del trabajo del auditor, al incluir en su examen y en su opinión, a los estados financieros tomados en conjunto y esto hace que <u>el vínculo del auditor para expresar su opinión, sea el informe</u>.

En definitiva, se ha pasado de la "auditoría de balance" a la auditoría de los "estados financieros tomados en conjunto", debido a que se reconoce que la información económica - financiera mínima que una empresa debe presentar y comunicar, son los estados financieros y no únicamente el balance general.

El siguiente cuadro, ayuda a visualizar las diferencias entre la Filosofía antigua y la moderna de la auditoría.

	FILOSOFÍA ANTIGUA	FILOSOFÍA MODERNA
1) Objetivos	Prevención y descubrimiento de errores, fraudes u otras manipulaciones indebidas.	Expresar una opinión sobre "razonabilidad" con la que los estados financieros presentan la información en ellos contenida.
2) Metodología de trabajo	Examen detallado y exhaustivo de todas las transacciones contables	Examen basado en la revisión y evaluación del control interno como base para determinar la amplitud de las pruebas o test

			que se efectúen. El trabajo se realiza a base de muestras (pruebas selectivas).
3)	Alcance	Balance General, ya que el auditor no tenía acceso al estado de resultados, por ser secreto.	Estados financieros tomados en conjunto.
4)	Documento emitido	Certificación sobre el balance	Dictamen u opinión sobre los estados financieros.
5)	Responsabilidad asumida	Exactitud y corrección del balance.	Razonabilidad de los estados financieros, de acuerdo con los principios de contabilidad generalmente aceptados aplicados uniformemente en relación a los estados del año anterior.

Por consiguiente existen varios aspectos de la auditoría que merecen ser tratados separadamente:

1) Los estados financieros que el auditor examina son preparados por el cliente. Por consiguiente, la Dirección de la empresa examinada es quien tiene plena responsabilidad acerca de la corrección y exactitud de las cifras e informaciones contenidas en dichos estados, al mismo tiempo que tiene responsabilidad sobre el control de todo proceso contable- administrativo, al final del cual se obtiene dichos estados.

2) El descubrimiento de fraudes u otras irregularidades no es el objetivo básico de la auditoría.

3) El auditor brinda su opinión sobre la razonabilidad de estos estados y en consecuencia, su responsabilidad se limita a la expresión de esta opinión; opinión que obtendrá después de haber recabado y evaluado la evidencia necesaria para expresarla.

1.3 EL CONTADOR PÚBLICO ECUATORIANO FRENTE A LAS LEYES, NORMAS Y CÓDIGOS

LEY DE CONTADORES

En el gobierno del Doctor Clemente Yerovi Indaburu, Presidente Interino del Ecuador, mediante decreto 1549, publicado en el Registro Oficial 157 de 10 de noviembre de 1996 se publicó la Ley de Contadores, cuya única reforma se realizó en 1972, publicada en el Registro Oficial N° 113 de agosto de este año. En aquel entonces el estado ecuatoriano definió las actividades de la profesión del Contador Público y del Contador Bachiller.

La dinámica de la administración de los recursos financieros del comercio y de la modernización del Estado, trajeron como consecuencia que la Ley de Contadores poco a poco perdiera vigencia.

La publicación de la Ley Orgánica de Administración Financiera y Control (LOAFYC) en 1973 reveló los conceptos de contabilidad, Control Interno y actividades del Contador Público como la Fiscalización y la certificación de balances.

Desde 1985, la Federación Nacional de Contadores Públicos, ha venido luchando y proponiendo varias reformas a la actual ley, sin que se tenga éxito en la gestión, debido a lo que todos los ecuatorianos conocemos: "El tortuguismo legislativo" y el "quemeimportismo de la clase contable".

Este descuido trajo consecuencias funestas a la profesión contable, basta leer algunos artículos de la LOAFYC, para demostrar la falta de una adecuada defensa profesional, pues según esa Ley, el Contador Público o "equivalente" u otros profesionales de otras disciplinas pueden ejecutar auditorías. (Art. 260 y disposición transitoria décima).

"Art. 260: Personal ejecutor.- La auditoría gubernamental será efectuada por contadores públicos titulados a nivel universitario, o equivalente, y por profesionales de otras disciplinas que, en uno y otro caso, deberán reunir los demás requisitos establecidos por la Oficina Nacional de Personal en coordinación con la Contraloría General".

DÉCIMA.- Excepciones sobre personal de auditoría.- Se exceptúan de lo dispuesto en el artículo 260 y en el inciso primero del artículo 319, aquellos auditores que no posean título universitario a la fecha de vigencia de la presente ley y que hubieren sido acreditados como tales por la Contraloría General a base de su experiencia, práctica y estudios especiales.

En este contexto no es difícil encontrar: Economistas, Abogados, Odontólogos, Veterinarios, Ingenieros Civiles, Arquitectos, Administradores, ciudadanos comunes y políticos ejerciendo funciones de Auditores Internos en empresas privadas y en entidades gubernamentales.

La confianza y capacidad técnica del Contador Público Autorizado está tan venida a menos que, para poder practicar auditorías o intervenciones técnico - contables, emitir dictámenes teóricos – profesionales (Art. 5 literal "b" de la Ley de Contadores), debe ser calificado por la Superintendencia de Compañías (Res. 88.163.0010 de 88.11.14); por tanto ni siquiera los estudios universitarios son suficientes para ejercer la libre profesión.

Por esto, es necesario preparar un proyecto de Ley, cuyos objetivos principales se caractericen en:

- Actualizar la Ley de Contadores Públicos
- Reconocer los derechos y obligaciones de la profesión del Contador Público;
- Promover la mejor capacitación técnico – profesional;
- Regular los honorarios, sueldos y salarios del Contador Público; y,
- Reforzar las unidades clasistas.

El proyecto de Ley incorporará en sus artículos las delicadas funciones del Contador Público que ejerce como Auditor, Comisario y Asesor Financiero, tanto en el sector público como en el privado.

La protección profesional deberá estar determinada por la fijación de sueldos y honorarios acordes a los más altos niveles profesionales y la necesidad de que los reclamos jurídicos - contables se suscriban con firma autorizada del Contador Público. Las universidades y colegios de la República autorizados para extender títulos de Contadores, colaborarán con el registro de profesionales a fin de conocer quiénes y cuántos somos en la clase contable.

El proyecto de la Ley de Contadores, deberá contar con su propio Reglamento en el cual se reconocerán las funciones, atribuciones y deberes de los Congresos Nacionales de Contadores Públicos, de su Directorio Central, de los Colegios Provinciales, del Director Provincial y de los Tribunales de Honor.

El objetivo de este Reglamento será dinamizar el trabajo de los organismos que contiene la Ley, así como facilitar cualquier reforma a los mismos, sin pasar por los largos caminos burocráticos.

La Ley de Contadores, en sus artículos 5, 6 y 7 manifiesta:

Art.5.- Compete al Contador Público:
a) Desempeñar cátedras de Contabilidad en planteles de nivel superior legalmente establecidos;
b) Organizar, sistematizar y dirigir contabilidades,
c) Intervenir directamente en la organización contable de empresas;
d) Comprobar y verificar estados de actividades económico – financieras;
e) Certificar balances con previa verificación integral de la contabilidad;
f) Ejercer las funciones de Comisario en las Compañías Anónimas, en Comandita por Acciones, de Responsabilidad Limitada y de Economía Mixta;
g) Evaluar e interpretar movimientos financieros o económicos e inventarios;
h) Practicar auditorías o intervenciones y emitir dictámenes técnico – contables, económicos o financieros;
i) Preparar y suscribir declaraciones tributarias;
j) Legalizar peritazgos, revisiones, fiscalizaciones, análisis y pruebas contables; y,
k) Lo que corresponde al Contador – Bachiller en Ciencias de Comercio y Administración.

Art. 6.- Compete al Contador Bachiller en Ciencias de Comercio y Administración:
a) Desempeñar cátedras de Contabilidad en planteles de nivel medio legalmente establecidos;
b) Organizar Contabilidades cuya dirección estará a su cargo;
c) Realizar peritazgos, revisiones, fiscalizaciones y pruebas contables; y,
d) Legalizar balances y declaraciones de impuestos de contabilidades a su cargo.

Art. 7.- Para ejercer la profesión de Contador, los profesionales deberán refrendar legalmente sus títulos e inscribirlos en el Registro Nacional de Contadores, debiendo obtener además la licencia profesional anual que será otorgada por la Federación Nacional de Contadores.

Estos artículos y la Ley de Contadores son desconocidos por muchísimos profesionales contables, y especialmente contadores a nivel medio, quienes se limitan en sus trabajos a ejercer únicamente funciones de auxiliares.

1.3.2. CÓDIGO DE ÉTICA PROFESIONAL

La palabra ética proviene del griego "ethos" y "éthos", cuyos significados hacen referencia a la morada y a las costumbres de la comunidad.

La Ética estudia el comportamiento individual y social del hombre, por tanto, la ética es la ciencia de las costumbres.

En 1979, el Congreso Nacional de Contadores, presentó como ponencia la actualización del Código de Ética Profesional del Contador Ecuatoriano.

De acuerdo con el Código de Ética Profesional del Contador Público ecuatoriano son deberes y responsabilidades:

1. Inscribirse en el Registro Nacional de Contadores y afiliarse al Colegio de Contadores de su provincia (Federación Nacional).
2. Mantener normas elevadas de conducta moral y profesional, tanto personal como profesional, conservar un estándar de vida respetable que inspire confianza.
3. Guardar secreto profesional respecto a sus trabajos (salvo en casos judiciales en los que se remitirá exclusivamente en sus Papeles de Trabajo).
4. No demorar la entrega de libros o registros del cliente.
5. No prestarse para operaciones dolosas.
6. Demostrar buena fe en sus trabajos, a los efectos de no confundir a terceros.
7. Mantener sus compromisos verbales y/o escritos.
8. Respetar las disposiciones legales.
9. Abandonar sus trabajos sin comunicación previa y en un tiempo razonable.
10. No intervenir como Contador Público en empresas en las cuales ponga intereses como empresario.
11. No asesorar a la contraparte, cuando anticipadamente hubiese servido a una de ellas.

1.4 PREGUNTAS DE REPASO

- ¿En qué país nació la Auditoría?
- Defina la filosofía antigua y moderna de la Auditoría.
- ¿Cuáles son los requisitos normales que tiene que cumplir un Contador Público?
- ¿En qué época el Ecuador dio realce a la Auditoría?
- Compare los propósitos de las primeras auditorías con los exámenes modernos.
- Investigue los mejores conceptos de Auditoría, Control y Examen.
- ¿Qué objetivos tiene la ética profesional de un Contador Público?
- ¿Qué ley determina las funciones principales de un Contador Público?
- Recuerde cuatro actividades principales de los contadores públicos en funciones de contador y cuatro en funciones de auditor.
- ¿De qué palabra griega proviene la palabra "ética"?
- Cite cinco deberes y responsabilidades del Contador Público, vinculados con el Código de Ética.

CAPÍTULO 2
CONTROL INTERNO

LA IMPORTANCIA DE LA PALABRA CONTROL

El control nace desde que la naturaleza impone condiciones ecológicas, así pues la sobrepoblación de un elemento daña a otro; el exceso de explotación daña la naturaleza, y los humanos debemos aceptar que es necesario el uso adecuado de los recursos naturales y el control de los elementos que la tierra nos provee.

Sin darnos cuenta la tierra nos ha enseñado que debemos ser disciplinados pues así lo hace con los animales, ya que la sobrepoblación de ellos destruye su medioambiente y por ende las cosas tienden a desaparecer o extinguirse.

El hombre es el elemento más descontrolado de la naturaleza y el planeta Tierra tiene alterados sus elementos, pues hay menos ozono y más cáncer de piel, menos lluvias, más desiertos, más inundaciones y menos cosechas y por supuesto menos alimentos, más contaminación más enfermedades, más polución, etc.; todo esto nos conduce a recapacitar en la importancia que debemos dar al "control ecológico" solo así la naturaleza nos reciprocará con sus bienes.

2.1.2. CARÁCTER IMPERCEPTIBLE

El control simple y mucho más el control interno no pueden ser vistos a simple vista, únicamente los identificamos cuando conocemos algo de ecología y de control interno. Todos los días por delante de nosotros pasan decenas de controles, pero los relacionamos con "seguridad" o con "trámites burocráticos"; cuando manejamos nos detiene un policía o pasamos frente a un semáforo; en el banco, para un trámite sencillo nos exigen la presentación de un documento que evidencia nuestra identidad; en nuestras actividades diarias efectuamos tantas cosas que son controles pero no lo identificamos como tal.

Todos los controles son imperceptibles al ojo humano y son reconocidos cuando nos preparamos en esta área, que incluso disciplina nuestras vidas.

El sector público y el privado tienen enormes falencias respecto a los controles internos, por tanto, no debemos escatimar esfuerzos en implantar e implementar controles que permitan mejorar la administración de los recursos.

2.2 El CONTROL INTERNO

2.2.1 DEFINICIONES

La Norma Internacional de Auditoría 400 Evaluación de Riesgo y Control Interno define el término "Sistema de control interno" como todas las políticas y procedimientos adoptados por la administración de una entidad para ayudar a lograr el objetivo de la administración de asegurar, tanto como sea factible, la conducción ordenada y eficiente de su negocio, incluyendo adhesión a las políticas de administración, la salvaguarda de activos, la prevención y detección de fraude y error, la precisión e integridad de los registros contables, y la oportuna preparación de información financiera confiable.

- ✓ "Es un plan de organización y el conjunto de métodos y procedimientos que una empresa adopta internamente con el objeto de:
    1. Salvaguardar sus recursos humanos, económicos y financieros (Protección contra robos)
    2. Verificar la precisión, fidelidad y veracidad de la información financiera y administrativa.
    3. Fomentar y promover la eficiencia de las operaciones.
    4. Estimular y alentar a cumplir con las metas y objetivos propuestos por la empresa, observando las políticas prescritas por ella."

- ✓ "...es un proceso, ejecutado por el Consejo de Directores, la Administración y otro personal de la entidad, diseñado para proporcionar seguridad con miras a la consecución de objetivos en las siguientes categorías:

    1. Efectividad y eficiencia de las operaciones.
    2. Confiabilidad en la información financiera.

3. Cumplimiento de las leyes y regulaciones aplicables"[8]

En síntesis puede conceptuarse al sistema de control interno como el conjunto de disposiciones, normas políticas y procedimientos que rigen todas las actividades administrativas y/o financieras para el logro de los fines de la organización.
El control no es un fin, es un medio para llegar a un fin.

---

[8] Control Interno, Estructura Conceptual Integrada. Committe of Sponsoring Organizations of the Treadway Commission COSO.

2.2.2 CLASES DE CONTROLES

CONTROL PREVIO

Conjunto de medidas y procedimientos orientados a la:
- Verificación
- Revisión
- Vigilancia y
- Cumplimiento

{ Legal y
  Normativo interno

OBJETIVO

DE LAS OPERACIONES ADMINISTRATIVAS Y FINANCIERAS DE UNA EMPRESA

Que deben ser observadas por el personal del departamento financiero, asignado a esta función CON ANTERIORIDAD A SU EJECUCIÓN con el propósito de establecer su

Exactitud,
Autenticidad,
Legalidad,
Veracidad y
Validez

VERIFICAR SU

"Es imperceptible al ojo humano y se basa en una adecuada división de funciones".

CONTROL CONCURRENTE

Conjunto de medidas y procedimientos que una empresa adopta para:

- Verificar y
- Revisar

> **LAS OPERACIONES QUE AL MOMENTO SE VAYAN A EFECTUAR**

Se aplica en forma simultánea con la persona que

Autoriza
O
Ejecuta

Las transacciones o negociaciones

> **CONTROL POSTERIOR**

Es parte integrante del control interno y base del concepto de "Auditoría"; por tanto, es ejercido, por las auditorías internas, sin perjuicio de los exámenes realizados por auditores externos o en equipos mixtos.

> **CONTROLES PREVENTIVOS, DETECTIVOS CORPORATIVOS Y DE SISTEMAS**

La modificación a la segunda norma de auditoría de trabajo en el campo que define a la estructura de control interno como el conjunto de políticas y procedimientos establecidos para obtener una seguridad razonable, de que los objetivos de las empresa sean alcanzados; nos permite detenernos para estudiar algo más sobre los tipos de controles que una estructura de control interno deberá tener:

✓ **CONTROLES PREVENTIVOS:**

Evitan que ocurran errores y el costo de corregirlos. Ejemplo: división de funciones niveles de reposición, sellos de "cancelado", "entregado".

Estos controles muchas veces requieren de la aplicación de un procedimiento o un conjunto de procedimientos afines o relacionados con el propósito de cumplir con el objetivo de su creación.

✓ **CONTROLES DETECTIVOS:**

Constituye la verificación de confiabilidad de los controles preventivos, existen cuando la transacción ya ha sido procesada, normalmente sobre información producida por contabilidad. Ejemplo: Investigar cuentas por cobrar vencidas, investigar variaciones de costos, conciliación de cuentas corrientes.

La auditoría interna es un componente básico de la estructura de control interno, pues es una función independiente del control establecido dentro de la organización de una entidad, que examina y avalúa la eficiencia y efectividad de cualquier actividad financiera o administrativa y la comunicación de resultados obtenidos, por lo que le da el carácter de control preventivo.

- ✓ **CONTROLES A NIVEL CORPORATIVO:**

  Es parte del control interno de Sistemas, asegura que funcione y se mantengan conforme a los requisitos empresariales. Ejemplo: planificación a nivel corporativo (estructura orgánica de la institución), presupuestos (instrumento de economía y administración es decir mecanismo de operación y control), revisión de informes financieros, auditoría interna, manuales de procedimientos, estatutos, reglamentos, disposiciones internas.

  La auditoría interna a más de ser un control detectivo es también un control corporativo porque es una función independiente determinada por la máxima autoridad de una empresa y actúa como un Control de Controles.

- ✓ **CONTROLES A NIVEL DE SISTEMAS:**

  Es el control interno que previene o detecta y corrige errores en ejecución y registro de tipos recurrentes de transacciones.

  Toda estructura de Control Interno tiene sus limitaciones como:
  - No proporciona seguridad absoluta y precisa, por lo que se requiere de juicios o estimaciones de gerencia.
  - Pueden llegar a ser inadecuados con el cambio de circunstancias.
  - Su efectividad depende de las personas que los ejecutan.
  - No son efectivos contra errores o irregularidades de gerencia (porque la gerencia las establece y puede contravenirlas).

- La proyección de una evaluación actual de los controles internos para períodos futuros está sujeta al riesgo de que los procedimientos sean inadecuados por cambio de circunstancias.

Por todas estas limitaciones no es posible confiar completamente en los Controles Internos hasta el grado de excluir los demás procedimientos de auditoría.

2.3 LA AUDITORÍA Y LOS CONTROLES INTERNOS

La auditoría debe comprender un estudio y evaluación del control interno. Esta importancia del control interno en relación con el trabajo del Auditor es reiterada por las normas relativas a la ejecución del trabajo.

El trabajo del Auditor debe comprender un estudio y evaluación del sistema de control interno para:

1. Establecer una base de confiabilidad de los sistemas que se van a examinar y que obedecen a un flujo y control de las transacciones.
2. Para determinar la naturaleza, extensión y oportunidad de las pruebas de auditoría con el fin de reducir la cantidad de procedimientos de auditoría que, en otras circunstancias, serían innecesarios.
3. Para proveer al auditor una fuente de sugerencias constructivas referentes a mejoras en los sistemas de Control Interno.
4. Para conseguir una mayor eficiencia, efectividad y economía de los exámenes de auditoría.

Cabe señalar que a mayor solidez de la estructura de control interno corresponde la disminución (más no la eliminación) de procedimientos y pruebas sustantivas de auditoría y en contraste, a menor solidez de la estructura de control interno corresponderá el aumento de procedimientos y pruebas sustantivas de auditoría.

AXIOMA DE CONTROL

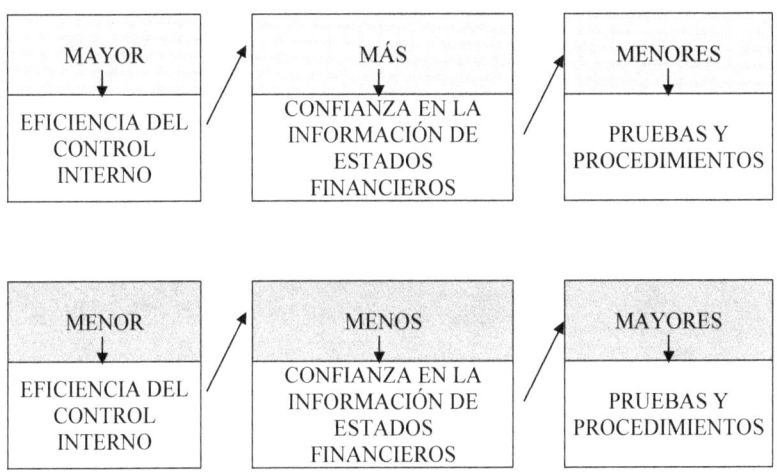

2.4 LOS PRINCIPIOS DE CONTROL INTERNO

Seguido se parafrasea a WESBERRY, los principios básicos o más importantes que sustentan el control interno.

ASIGNACIÓN DE RESPONSABILIDADES Y SU LIMITACIÓN

- ✓ Para cada persona o miembro de una institución
- ✓ Informar sobre su límite de acción (saber cuál es su inicio y cuál es su final de responsabilidad), todo claramente definido y por escrito

> No se puede realizar una transacción, sin la aprobación de una persona autorizada para ello.

2 SEPARACIÓN DE FUNCIONES DE CARÁCTER INCOMPATIBLE

FUNCIONES DE CARÁCTER INCOMPATIBLES			
Inicio	Autorización	Registro	Custodia

DEBEN SER EJECUTADAS POR DISTINTAS PERSONAS

SEPARAR PARA EVITAR ERRORES O DESVIACIONES

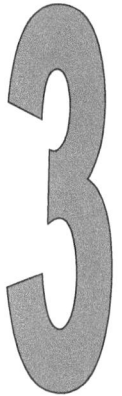

DIVISIÓN DE RESPONSABILIDADES EN UNA TRANSACCIÓN COMPLETA

- ✓ Disminuye la posibilidad de errores
- ✓ Evita el riesgo de fraude

> **NINGUNA PERSONA DEBE TENER LA RESPONSABILIDAD DE UNA TRANSACCIÓN COMPLETA**

SELECCIÓN DE PERSONAL IDÓNEO

- ✓ Hábiles y capacitados
- ✓ Producen más
- ✓ Cuestan menos

REQUISITOS ESTABLECIDOS EN EL PERFIL DEL PUESTO →
- ✓ NIVEL ACADÉMICO UNIVERSITARIO
- ✓ CONOCIMIENTOS TÉCNICOS
- ✓ HABILIDADES
- ✓ EXPERIENCIAS
- ✓ HONESTIDAD
- ✓ PRÁCTICA
- ✓ REFERENCIAS

= BUENA PRESENTACIÓN

PRUEBAS DE AUTOVERIFICACIÓN DE LA EXACTITUD DE REGISTRO DE OPERACIONES

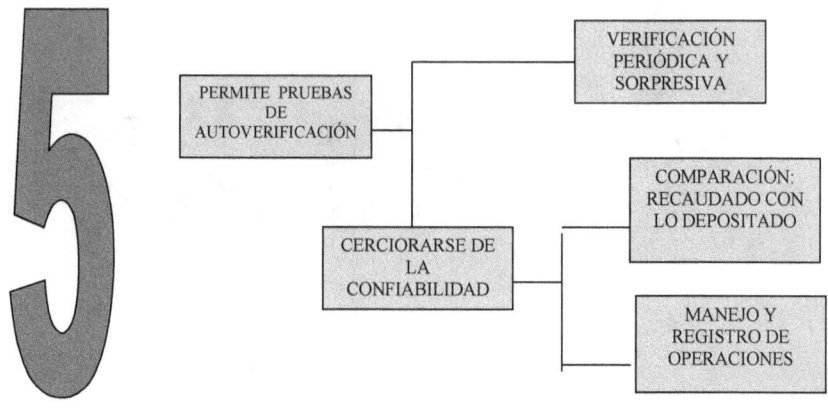

ROTACIÓN DE PERSONAL EN ACTIVIDADES SIMILARES

ES UN CONTROL CRUZADO QUE EVITA FRAUDES

Alternativas de cambio

- ✓ Vacaciones
- ✓ Ascensos
- ✓ Cambios de actividades

PERMITE

BORRA LA IDEA DEL EMPLEADO INDISPENSABLE Y CAPACITA A OTROS EN LABORES SIMILARES

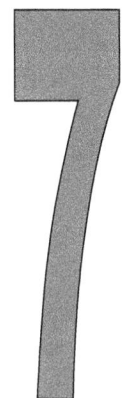

FIANZAS Y CAUCIONES

- ✓ Cajeros
- ✓ Cobradores y
- ✓ Guardalmacén deben ser caucionados

EVITA PÉRDIDAS, POSIBILITA LA RECUPERACIÓN POR PARTE DEL SEGURO

> TODO PERSONAL QUE MANEJA RECURSOS FINANCIEROS Y MATERIALES DEBE ESTAR AFIANZADO

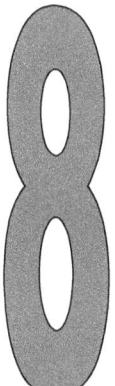

INSTRUCCIONES IMPORTANTES POR ESCRITO

> LAS INSTRUCCIONES VERBALES PUEDEN OLVIDARSE O MAL INTERPRETARSE

INSTRUCCIONES IMPORTANTES A TRAVÉS DE
- ✓ CIRCULARES
- ✓ MEMORANDOS
- ✓ OFICIOS
- ✓ MANUALES DE PROCEDIMIENTOS U OPERACIÓN

FORMATOS IMPORTANTES PRENUMERADOS DESDE SU IMPRESIÓN

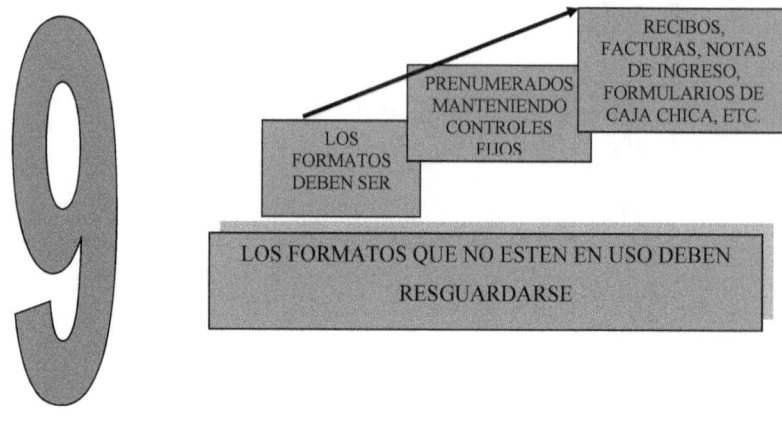

LOS FORMATOS DEBEN SER

PRENUMERADOS MANTENIENDO CONTROLES FIJOS

RECIBOS, FACTURAS, NOTAS DE INGRESO, FORMULARIOS DE CAJA CHICA, ETC.

LOS FORMATOS QUE NO ESTEN EN USO DEBEN RESGUARDARSE

LIMITACIÓN EN EL MANEJO DE DINERO EN EFECTIVO

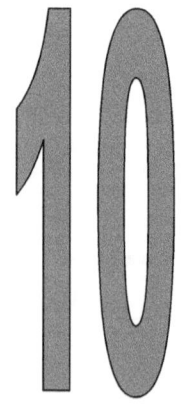

LIMITAR LA UTILIZACIÓN DEL MANEJO DE DINERO EN EFECTIVO PREVIENE FRAUDES Y ROBOS

SOLO PARA GASTOS URGENTES MENORES CON EL FONDO DE CAJA CHICA.

RESTRINGE LAS POSIBILIDADES DE FRAUDE. EL PRINCIPIO TIENE LIMITACIÓN DE ACUERDO A LAS CIRCUNSTANCIAS GEOGRÁFICAS Y CÓDIGO DE TRABAJO.

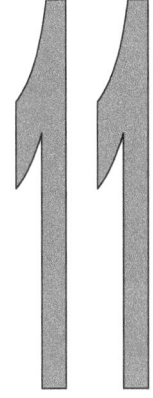

SISTEMA DE CONTABILIDAD POR PARTIDA DOBLE

CONTABILIDAD POR PARTIDA DOBLE

APOYA A LA ESTRUCTURA DEL CONTROL

INTERNO

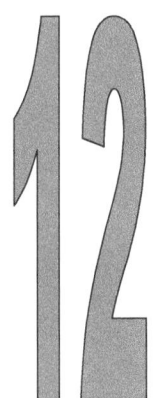

DEPÓSITOS INMEDIATOS INTACTOS

NO DEBE PERMANECER EL DINERO EN CAJA

ELIMINA RIESGOS DE MALOS MANEJOS O PÉRDIDAS DE VALORES

DEBEMOS ENVIAR EL DINERO AL BANCO LO MÁS PRONTO POSIBLE DESDE SU RECAUDACIÓN Y EN LAS MISMAS ESPECIES QUE SE RECAUDARON.

EVITAR CAMBIAR CHEQUES Y BILLETES DE ALTA DENOMINACIÓN

EVITARÁ:
ROBOS Y FRAUDES

USO MÍNIMO DE CUENTAS BANCARIAS

DEBEMOS REDUCIR AL MÍNIMO LA UTILIZACIÓN DE CUENTAS BANCARIAS

UNA SOLA CUENTA CORRIENTE PARA OPERACIONES A NOMBRE DE LA EMPRESA. LAS AGENCIAS ABRIRAN CUENTAS CORRIENTES CON EL NOMBRE DEL NEGOCIO.

UTILIZACIÓN DE CUENTAS DE CONTROL

SIMPLIFICA SU REGISTRO

MANTIENE UN CONTROL INDIVIDUAL DE LAS CUENTAS AUXILIARES. PERMITE PRUEBAS DE EXACTITUD

USO DE EQUIPOS MECÁNICOS Y/O ELECTRÓNICOS

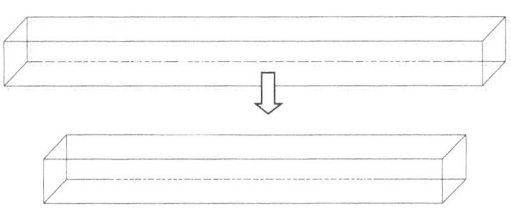

MANTENER DISPOSITIVOS MODERNOS DE PRUEBAS QUE DIVULGUEN ERRORES Y NEGLIGENCIAS.

SISTEMA DE INFORMACIÓN

LA INFORMACIÓN ES PODER

ESTABLECER UN SISTEMA DE INFORMACIÓN QUE PERMITA QUE ÉSTA SEA CONFIABLE, OPORTUNA Y ÚTIL EN LA TOMA DE DECISIONES

ASIGNACIÓN DE PERCEPCIONES O SUELDOS DE ACUERDO A LA CAPACIDAD

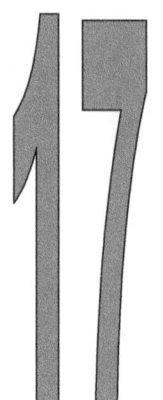

REMUNERACIONES AL PERSONAL ACORDE A SUS FUNCIONES Y RESPONSABILIDADES ASIGNADAS

CUMPLIMIENTO DE HORARIO

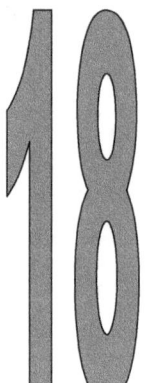

PUNTUALIDAD, ASISTENCIA Y SOBRE TODO PERMANENCIA EN SUS LUGARES DE TRABAJO

A TODO NIVEL EL PERSONAL CUMPLIRÁ CON EL HORARIO DE TRABAJO. MANTENDRÁ LA DISCIPLINA REALIZARÁ LAS ACTIVIDADES PROGRAMADAS

AUTOMÁTICAMENTE:
GENERARÁ VALOR AGREGADO

DERECHO A DISFRUTAR VACACIONES

TODO EL PERSONAL TIENE DERECHO A DISFRUTAR DE PERÍODOS VACACIONALES

APOYA EL PRINCIPIO DE ROTACIÓN

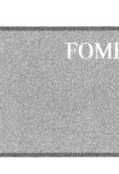

CAPACITACIÓN Y DESARROLLO

FOMENTADO POR LA EMPRESA O A TÍTULO PERSONAL

- ✓ MANTENER ACTUALIZADOS LOS CONOCIMIENTOS DEL PERSONAL A TODOS LOS NIVELES
- ✓ FOMENTAR UN SISTEMA DE CAPACITACIÓN Y DESARROLLO PARA COADYUVAR EN EL MEJOR DESEMPEÑO DE SUS CAPACIDADES

2.5 MÉTODOS DE EVALUACIÓN DEL CONTROL INTERNO

La evaluación del sistema de control interno requiere el uso de ciertos medios que faciliten y que a su vez le sirvan al auditor como constancia de haber efectuado la evaluación del control interno. Seguido analizamos en forma detallada los siguientes métodos.

2.5.1 MÉTODO DESCRIPTIVO O DE MEMORANDUM

Este método describe en forma detallada las características del sistema que se está evaluando, y consiste en explicaciones que se refieren a las funciones, procedimientos, registros, archivos y departamentos que intervienen en el sistema.

VENTAJAS:

- ✓ Facilidad en su uso,
- ✓ Apertura de iniciativa del auditor,
- ✓ Descripción de funciones de observación directa.

DESVENTAJAS:

- ✓ Campos de evaluación según el criterio del auditor,
- ✓ Uso de vocabulario propio del que evalúa,
- ✓ Limitación en su aplicación a compañías grandes,
- ✓ No permite una visión en conjunto,
- ✓ Dificultad en la detección de áreas críticas.

EJEMPLO:

EVALUACIÓN DEL CONTROL INTERNO POR EL MÉTODO DESCRIPTIVO

EMPRESA: VARGAS TORRES S.A.
ÁREA: COMPRAS Y RECEPCIÓN DE MATERIAS PRIMAS

Cuando el sector de almacenes dependientes de la gerencia de Producción determina en base a la revisión semanal de sus fichas de existencias que debe adquirirse determinadas materias primas, emite, un formulario de requisición de materias primas, en base a este formulario, la sección compras, procede a pedir cotizaciones, a por lo menos tres proveedores, tomados de sus ficheros, una vez recibidas las cotizaciones, compras emite la correspondiente "orden de compra" de la que envía copias a almacenes y contabilidad, además de archivar una copia en la "carpeta de órdenes de compras pendientes", en el momento de recibirse la mercadería, recepción procede a su descargo y firma el "Recibí conforme" prepara un formulario de obtenido conforme, entrega la mercadería a almacenes, junto con uno de los formularios de recepción, otra copia de este formulario y el "Recibí conforme" son enviados a cuentas a pagar que los adjunta a la copia de la orden de compra que oportunamente había recibido de compras .

Por su parte compras recibe otra copia del formulario de recepción con la que elimina la orden de compra de su carpeta de pendientes.

Por último cuando cuentas a pagar recibe la factura del proveedor, la controla con el "Recibí Conforme" la nota de recepción y la orden de compra y pasa el legajo completo para su contabilización.[9]

OBSERVACIONES:

---

[9] FOWLER, Newton Enrique. TRATADO DE AUDITORÍA. Pág. 156

2.5.2 MÉTODO DE CUESTIONARIO

Consiste en la utilización de formularios con un listado de preguntas, que mediante la indagación y entrevista directa al personal del cliente, proporcionan información al auditor, sobre la aplicación o no de los Principios de Contabilidad Generalmente Aceptados (PCGA), principios y elementos de la estructura de control interno (SAS 55 y 78); Normas técnicas de control interno (NTCI) y Normas de Auditoría Generalmente Aceptadas (NAGA).

Existen diversos tipos de Cuestionarios.

- ✓ Algunos se dirigen a que las preguntas se contesten en forma narrativa.
- ✓ Otros a que las respuestas consistan en SI - NO –NO APLICABLE.
- ✓ Otros son combinaciones de ambos tipos.

Las técnicas para la elaboración de preguntas puede observarse en los anexos adjuntos.

VENTAJAS:

- ✓ Permite el entrenamiento al personal inexperto,
- ✓ Busca una respuesta siempre,
- ✓ Estandariza su utilización,
- ✓ Detecta posibles áreas críticas.

DESVENTAJAS:

- ✓ Se lo toma como un fin y no como medio,
- ✓ Limita la iniciativa del auditor,
- ✓ No permite una visión del conjunto,
- ✓ Su aplicación puede originar malestar en la empresa.

EJEMPLO:

CUESTIONARIO DE EVALUACIÓN DE CONTROL INTERNO

EMPRESA: _____

CUENTA: _____

NO.	PREGUNTAS	RESPUESTA			COMENTARIOS
		SI	NO	N.A.	
	OBJETIVOS: Evaluar la solidez de la estructura de Control Interno en esta Cuenta.				
I	¿Los fondos de caja chica se manejan por personas independientes de Contabilidad?				
II	La recepción de dinero, se la efectúa por dispositivos de seguridad como:				
	• Cajas registradoras				
	• ¿Se dan recibos al depositante?				
III	¿Se depositan intactos los dineros recaudados?				
IV	¿Se verifican las recaudaciones y los fondos de la empresa, mediante arqueos sorpresivos?				
V	¿Todo egreso de fondos, mantiene respaldo suficiente?				
	• ¿Se necesita visto bueno para realizar el pago?				
	• ¿Se pagan con cheques los egresos?				
	¿Están limitados los ejecutivos para hacer egresos?				
	(Investigar montos de cada uno)				

COMENTARIO:
• Una respuesta "no" indicará una falla o punto débil [10]
• Una respuesta "si" indicará que existen condiciones satisfactorias en general
• Toda pregunta se verificará en el transcurso del examen
• Algunas preguntas serán hechas a más de una persona

---

[10] SANCHEZ, Francisco. PROGRAMAS DE AUDITORÍA. Apéndice "A" Págs. 1 y 2

2.5.3 MÉTODO GRÁFICO, DE DIAGRAMACIÓN O CURSOGRAMA

DEFINICIONES:

H. LOPEZ SANTISISO:
"La presentación gráfica del flujo o recorrido de una información realizada dentro de un ámbito de actuación de una organización".

F. MAGDALENA:
"La presentación gráfica, mediante la utilización de símbolos convencionales de un circuito".

C. GUERRERO:
"Representación gráfica, de un proceso administrativo caracterizado por su naturaleza secuencial".

De estas tres definiciones se puede extractar los elementos básicos que ayuden a fijar el concepto de gráfico de secuencia o cursograma.

- ✓ Se trata de un diagrama o representación gráfica.

- ✓ En el gráfico, por un proceso de abstracción mental, se intenta siguiendo ciertas convenciones, representar el fluir de determinada información verbal descrita.

- ✓ Es la representación de un proceso administrativo u operación el mismo que es analizado por separado.

En conclusión se define como la descripción objetiva de la estructura de las áreas examinadas revelando los procedimientos y actividades que se ejecutan, utilizando símbolos convencionales que el auditor explicará claramente.

VENTAJAS:
- ✓ Proporciona visión de conjunto permitiendo la detección fácil de áreas críticas en todo nivel,
- ✓ Detección de duplicación o inexistencia de canales de información, de esfuerzos e incompatibilidad de funciones,
- ✓ Desperdicio de recursos, niveles de autoridad y responsabilidad.

DESVENTAJAS:
- ✓ Necesidad de conocimiento sólidos de Control Interno,
- ✓ Entrenamiento en la utilización y simbología de diagramas de flujo,
- ✓ Uso limitado a personal inexperto.

PLANTILLA DE SIMBOLOGÍA BÁSICA PARA ELABORAR CURSOGRAMAS SUGERIDA POR EXPERIENCIA DE TRABAJO EN CAMPO.

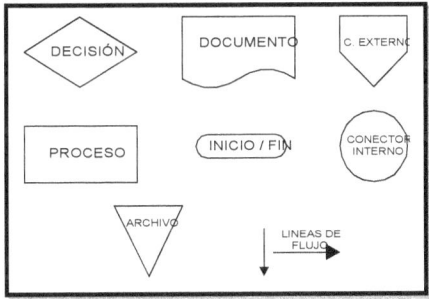

Para mejor comprensión se sugiere leer los anexos adjuntos

REGLAS PARA UTILIZACIÓN DE LA SIMBOLOGÍA BÁSICA[11]

INICIO Y/O TERMINACIÓN DEL FLUJOGRAMA IDENTIFICACIÓN DE RESPONSABLES

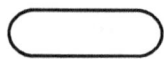

DEFINICIÓN:

✓ Representa el inicio y terminación de un cursograma.

✓ Es el primer y último símbolo que se grafica en un flujograma.

NORMAS PARA SU DIAGRAMACIÓN:

➢ Todo flujograma tendrá un inicio y un final.

---

[11] GARDNER, Clark. Wolf & Cía. Jul. / 78 EVALUACIÓN DEL CONTROL INTERNO A TRAVÉS DE FLUJOGRAMAS. ILACIF – Quito.

DOCUMENTOS

OR= ORIGINAL

DEFINICIÓN:

✓ Se utiliza para identificar cualquier tipo de documento originado o recibido en cada sistema o unidad administrativa (cheques, facturas, formularios con copias).

✓ Dentro del símbolo se identifica el nombre del documento, también el número de copias de cada documento.

NORMAS PARA SU DIAGRAMACIÓN:

➢ Es indispensable la numeración en cualquier parte del símbolo (original y número de copias).

➢ Las copias deben distribuirse, archivarse o destruirse según sea el procedimiento de la unidad administrativa o empresa.

➢ Todo documento ingresado al flujograma permanece en él, hasta su distribución, archivo o destrucción.

➢ La identificación del documento debe ser la misma que utiliza la entidad o empresa.

PROCESO O ACTIVIDAD

A

```
┌─────────────────┐
│                 │
│    ACTIVIDAD    │
│       24        │
│                 │
└─────────────────┘
```

B

```
┌─────────────────┐
│                 │
│      ╭───╮      │
│      │   │      │
│      ╰───╯      │
└─────────────────┘
```

DEFINICIÓN:

- ✓ En contabilidad se lo utiliza representando un documento en el cual hay anotaciones de entrada y salida de operaciones.

- ✓ Generalmente describe una actividad a ejecutarse

NORMAS PARA SU DIAGRAMACIÓN

- ➤ Dentro del símbolo se indicará el nombre del registro que se debe utilizar normalmente en la empresa.

- ➤ En la flujodiagramación se dará mucha importancia porque son fuentes de información para la auditoría.

- ➤ Se puede usar líneas punteadas para indicar una relación entre documentos y registros.

PUENTES ENTRE LÍNEAS DEL FLUJO

DEFINICIÓN:

✓ Representa el cruce de dos líneas de comunicación o de flujo.

✓ La media luna señala un puente que no interrumpe la línea principal de flujo.

NORMAS PARA SU DIAGRAMACIÓN:

➢ La línea que corta y que se grafica superpuesta a otra, representa que se ha trazado en una segunda instancia ya que existió una operación previa.

➢ Normalmente se utiliza el símbolo para la distribución y archivo de documentos.

CONECTORES

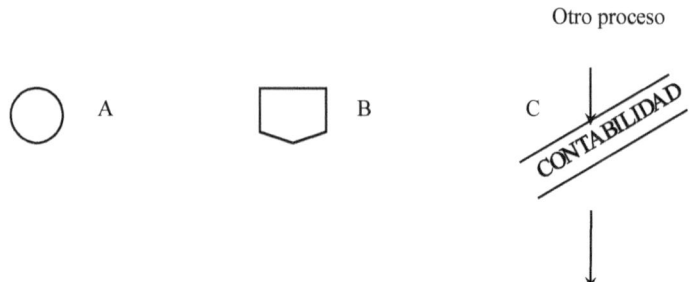

DEFINICIÓN:

Relaciona dos partes del flujograma
    En una misma hoja (A)
    En hojas diferentes (B)
    En flujogramas diferentes (C)

NORMAS PARA SU DIAGRAMACIÓN:

➢ Cuando ingresa la información (B) se debe graficar al margen izquierdo.

➢ Cuando se desee representar la salida de información (B) y/o (C) se citará donde continúa el gráfico, o el subsistema representado.

➢ La información no relevada debe citarse "no se ilustra" y/o "información no relevada".

DECISIÓN – ALTERNATIVAS

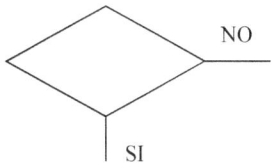

DEFINICIÓN:

✓ Es el símbolo que determina cual de dos alternativas deben seguirse. Este símbolo se utilizará cuando las alternativas sean significativas desde el punto de vista de la auditoría.

✓ La decisión dependerá del resultado de una prueba, una comparación o la existencia de alguna condición. La respuesta es registrada en el símbolo y la bifurcación nace en dos ángulos del mismo.

NORMAS PARA SU DIAGRAMACIÓN:

➢ En el símbolo debe escribirse la numeración correlativa, en la misma forma como si fuese una operación más, a lo largo de todo el flujograma.

➢ La bifurcación o pasos adicionales se grafican al lado derecho donde normalmente se presentan las operaciones...

➢ Normalmente es conveniente que en el lado derecho este el NO y en el lado inferior el SI.

ARCHIVOS

 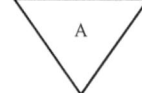 

DEFINICIÓN:

✓ Representa las funciones de archivo de información bajo control directo de la misma unidad.

✓ Se emplea para representar el almacenamiento de información bajo diversas situaciones:
    Numérico (N)   Alfabético (A)   Destrucción (D)
    Temporal (T)   Permanente (P)   Corriente (C)

NORMAS PARA SU DIAGRAMACIÓN:

➢ En el símbolo se indica la naturaleza del archivo (Alfabético-numérico-cronológico). Las letras indican la situación del archivo.

➢ Los tipos de archivo usados son:
Permanente: Archivos de uso contínuo
Corriente: Archivo Transitorio

LÍNEAS

Representa la conexión o el movimiento del flujo a través de las operaciones o de documentos. La flecha indica el sentido del proceso y concatenación de una acción con otra.

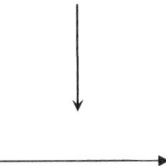

DEFINICIÓN:

Normalmente se dibuja el flujo de arriba hacia abajo y de izquierda a derecha.

NORMAS PARA SU DIAGRAMACIÓN:

- ➤ La línea principal se grafica en sentido vertical.
- ➤ Las líneas horizontales representan traslado o conexión con otro flujograma.
- ➤ Cuando la línea es entrecortada se debe usar un puente.
- ➤ Existen actividades que se indican con el contrasentido de las flechas, en este caso es mejor utilizar conectores.

2.5.4 MÉTODO COMBINADO

Es una combinación alternativa de los métodos anteriormente descritos. Existe la posibilidad de combinar estos métodos, así:

- ✓ Cuestionarios con flujogramas
- ✓ Flujogramas con descriptivo

El método de cuestionarios, el descriptivo y los cursogramas por sí solos, no permiten una evaluación completa, por ello lo mejor es lograr una adecuada mezcla, que optimice la labor del auditor.

2.6 EL PRODUCTO FINAL DEL CONTROL INTERNO

Una vez concluido la evaluación de control interno el auditor prepara una carta para la gerencia, que identifica las debilidades en el sistema contable y las ineficiencias operativas encontradas.

El informe debe describir las debilidades importantes, establecer si son resultado de la ausencia de procedimiento de control o del grado de incumplimiento y describir la naturaleza general de errores potenciales o irregularidades como resultado de las debilidades.

Una opinión limpia sobre el sistema o estructura del control interno de la entidad puede expresarse solo si el contador ha podido aplicar todos los procedimientos que considera necesarios.

La decisión del auditor para opinar con salvedad o abstenerse de hacerlo en la carta de control interno depende de la evaluación y de la importancia de los procedimientos que por falta de apoyo empresarial fueron omitidos.

2.7 PREGUNTAS DE REPASO

- ¿Por qué el carácter de imperceptible el Control Interno?
- ¿Cuáles son los objetivos que plantea el concepto de Control Interno?
- Explique que son las "Prácticas Sanas"
- ¿Por qué es necesario que todas las personas "roten en los puestos de trabajo" y luego tengan "vacaciones"
- ¿En qué consiste el estudio de la "estructura" del Control Interno?
- En su opinión, ¿cuál es el método de evolución de Control Interno más eficiente? ¿Por qué la recomienda?
- ¿Cuáles son los símbolos más utilizados en la flujodiagramación?
- ¿El método descriptivo facilita la elaboración del informe del Auditoría?
- ¿Qué debe hacer el auditor al obtener una respuesta "NO" al evaluar el control interno con el método de cuestionarios?
- ¿Y si esa misma respuesta es "SI"?

CAPÍTULO 3
ELEMENTOS DE TRABAJO

LAS TÉCNICAS DE AUDITORÍA Y SU CLASIFICACIÓN

3.1.1. DEFINICIÓN

Son métodos prácticos de investigación utilizados por el Contador Público para obtener la información necesaria que sustente su opinión profesional.

Las técnicas son las herramientas del auditor y su empleo se basa en su criterio o juicio según las circunstancias y; como cualquier herramienta, algunas son usadas con más frecuencia que otras.

Durante la programación el auditor determina ¿qué técnicas va a utilizar?, ¿cuándo debe hacerlo? y ¿de qué manera?.

Las técnicas de auditoría son métodos prácticos normalmente aplicadas por auditores profesionales durante el curso de sus labores.

3.1.2. CLASES DE TÉCNICAS

Las técnicas se clasifican generalmente en base a la acción que se va a efectuar. Estas acciones verificadas pueden ser: oculares, verbales, por escrito, por revisión del contenido de documentos y por examen físico.

Las técnicas de Auditoría se agrupan específicamente de la siguiente manera:

TÉCNICAS DE VERIFICACIÓN OCULAR (TO)	TÉCNICAS DE VERIFICACIÓN ESCRITA (TE)
➢ Comparación ➢ Observación ➢ Revisión Selectiva ➢ Rastreo	➢ Análisis ➢ Conciliación ➢ Confirmación ➢ Declaración o Certificación

TÉCNICAS DE VERIFICACIÓN VERBAL (TV)
➢ Indagación

TÉCNICAS DE VERIFICACIÓN FÍSICA (TF)	TÉCNICAS DE VERIFICACIÓN DOCUMENTAL (TD)
➢ Inspección ➢ Investigación o examen	➢ Comprobación ➢ Cálculo o computación ➢ Totalización ➢ Verificación

Seguido se describen en cuadro sinóptico las técnicas que el auditor utiliza para obtener información y comprobar sus afirmaciones:

TÉCNICAS DE AUDITORÍA
Métodos prácticos de investigación utilizados por el CPA para lograr la información necesaria que sustente su dictamen.

1. ANÁLISIS: Separar en sus partes o elementos un todo. Examen crítico y minucioso de un universo o parte de el. T.E.
2. CONCILIACIÓN: Verificación escrita que permite obtener concordancia entre dos conjuntos a través de fuentes de datos separados e independientes entre sí. T.E.
3. INSPECCIÓN: Examen físico y ocular de un bien con el objeto de evidenciar su existencia y demostrar su autenticidad. T.F.
4. CONFIRMACIÓN: Obtención de evidencia de una fuente ajena de la empresa bajo examen. Puede ser positiva –obtenida directa o indirectamente- y negativa. T.E.
5. INVESTIGACIÓN O EXAMEN: Comprobar la exactitud. Revisión crítica o investigación punto por punto de un documento o registro. T.F.
6. INDAGACIÓN: Obtener información verbal a través de averiguaciones y conversaciones. T.V.
7. DECLARACIÓN O CERTIFICACIONES: Constancia escrita de un hecho, para probar su autenticidad o existencia de un derecho. T.E.
8. OBSERVACIÓN: Examen ocular para cerciorarse de cómo se ejecutan las operaciones y del funcionamiento del control interno. T.O.
9. CÁLCULO O COMPUTACIÓN: Verificar la exactitud matemática de las operaciones. Efectuar cálculos –suma de cédulas y registros-. T.D.
10. COMPARACIÓN: Observar la igualdad o diferencia de dos o más conceptos u operaciones administrativas o financieras para establecer la relación existente entre ellos, facilitando la evaluación del auditor. T.O.
11. COMPROBACIÓN: Examen de la evidencia que apoya una transacción comercial, demostrando autoridad, legalidad, propiedad y autenticidad de asientos y registros. T.D.
12. REVISIÓN SELECTIVA: Examen ocular rápido, con fines de separar asuntos que no son típicos o normales. T.O.
13. RASTREO: Seguir una transacción contable, de un punto a otro, dentro del proceso contable para determinar su correcta

3.2 PROGRAMAS DE AUDITORÌA

3.2.1 INTRODUCCIÓN

La NIA No.300 Planificación, exige la preparación de un programa de Auditoría por escrito que consta generalmente de una lista o serie de listas, o al menos de los pasos principales que se han de realizar en el curso del examen. Así, el programa de Auditoría establece la naturaleza, oportunidad y alcance de los procedimientos del auditor, contribuye a informar a los auxiliares involucrados en la Auditoría sobre el trabajo que se ha de realizar, ayuda a organizar y distribuir el trabajo, como un medio para el control y registro de la ejecución apropiada del trabajo y sirve de protección contra posibles omisiones o duplicaciones.

3.2.2 DEFINICIÓN

Esquema escrito y detallado del trabajo del auditor, el mismo que va a ejecutar en un examen específico, con la determinación de la empresa bajo examen. Opera como un instrumento o guía de aplicación y registro de las labores desarrolladas en una Auditoría.

3.2.3 PREPARACIÓN

Preparar un programa de trabajo implica definir cuatro aspectos:
- ¿Qué elementos o circunstancias deben ser tenidos en cuenta?
- ¿Cómo llegar al conocimiento del antecedente?
- ¿Cuándo efectuar la planificación?
- ¿Quién debe efectuarla?

3.2.4 FACTORES A CONSIDERAR

Al desarrollar el programa de auditoría se debe tomar en cuenta entre otros aspectos los siguientes:

- La información disponible sobre las actividades a examinar
- Los objetivos planteados en el trabajo a realizar
- Prácticas administrativa de aceptación general
- La existencia o inexistencia de medida de Control Interno
- Principios y normas de contabilidad
- Las leyes pertinentes
- Principios de Control Interno
- Áreas sensibles
- Características mensuales
- La estructura de la organización y el sistema de presentación de Estados financieros
- Estimaciones preliminares
- Las facultades y experiencia del personal

3.2.5 CONTENIDO

El contenido de los programas de Auditoría puede estudiarse tomando en consideración su fondo y su forma.

FONDO

Puesto que cada Auditoría tiene carácter singular, cada programa debería adaptarse a las circunstancias que rodean el trabajo; sin embargo, es posible fijarse un contenido mínimo que los programas deberían incluir:

- Los objetivos del trabajo aspectos fundamentales del Control Interno.
- Procedimientos de auditoría y el momento en que se efectuarán y

- El alcance del trabajo que se considera necesario para permitir al auditor expresar una opinión sobre los estados contables

FORMA

Desde este punto de vista, los programas de Auditoría deben contener, en forma genérica, lo siguiente:

- Encabezado
- Columna para el número del procedimiento de auditoría
- Columna de descripción de procedimientos
- Referencia de los papeles de trabajo en donde se haya realizado el procedimiento
- Fecha e Iniciales de los auditores que llevan a cabo los diferentes puntos de la revisión
- Observaciones generales

3.2.6 CLASES DE PROGRAMAS

Parafraseando a Fowler, existen diversas clases de programas que son de uso corriente, las principales pueden ser así caracterizados:

a) **PROGRAMAS ESTÁNDARES DETALLADOS**
Contienen los procedimientos de Auditoría más usuales y que por lo general brindan la distribución tentativa de los procedimientos pero librando al auditor de la determinación del alcance. Aplicables a un número considerable de empresas o a todas las que forman la mayoría de la clientela de su despacho.

b) **GUÍAS RECORDATORIAS**
Contienen pautas a seguir y se limitan a un enunciado genérico de los procedimientos de Auditoría.

c) **PROGRAMAS ESPECÍFICOS**

Hechos a "medida" de la empresa auditada, reconociendo así, que cada empresa es única.

Cualquiera que sea el programa que use el auditor, éste siempre deberá estar preparado para modificarlo en el curso de su trabajo si lo considera necesario y oportuno.

4.2.1. VENTAJAS Y DESVENTAJAS DEL USO DE PROGRAMAS DE AUDITORÍA[12]

VENTAJAS

Un programa de auditoría presenta diversas ventajas, entre otras:
- Proporciona un plan a seguir con el mínimo de dificultades y confusiones
- Posibilita un acceso ordenado al trabajo planificado
- Permite reflexionar sobre el alcance de cada trabajo
- Facilita la eliminación de lo superficial
- Permite la división racional de las tareas entre el equipo de auditoría
- Facilita la administración del trabajo
- Aumenta las evidencias del trabajo realizado
- Anticipa la detección de problemas y sus análisis
- Permite cumplir con el objetivo básico del planteamiento
- Cuando se concluye la Auditoría, el programa sirve para verificar que no hubo omisión alguna de los procedimientos
- Sirve de guía al hacer la planeación de futuras auditorías

DESVENTAJAS

Se argumentan las siguientes desventajas de los programas de Auditoría:
- La mecanización o rutina de las tareas por parte de quién aplica el programa
- Se limita la creatividad de quienes aplican los programas lo que puede ser inconveniente cuando el trabajo de auditoría se encuentra muy olvidado
- El crecimiento desmesurado de los procedimientos a aplicar.

---

[12] FONSECA, René Dr. AUDITORÍA INTERNA. Corporación Edit. Abaco. Ecuador 1989. Pág. 75

- El empleo de un programa de Auditoría da como resultado una Auditoría corriente y de cajón.
- Puede ejecutarse trabajo innecesario cuando el Control Interno sea eficiente, o cuando los errores no sean de importancia en cuanto a su monto.

Estas desventajas desaparecen si se tiene en consideración que los programas deben ser flexibles, es decir, que se pueden modificar a la luz de las circunstancias.

3.3 EVIDENCIA DE AUDITORÌA

3.3.1 DEFINICIÓN

Son pruebas que proporcionan seguridad de conocimiento y posibilitan la comprobación plena. En el campo de la Auditoría, la evidencia está representada por los elementos obtenidos durante las labores de examen que le permiten al auditor la formulación de un razonamiento o juicio adecuado. Cualquier persona que lea las evidencias de auditoría, podrá llegar a las mismas conclusiones del auditor.

La Norma Internacional de Auditoría 500 define a la Evidencia de auditoría como "la información obtenida por el auditor para llegar a las conclusiones sobre las que basa la opinión de auditoría. La evidencia de auditoría comprenderá documentos fuente y registros contables subyacentes a los estados financieros e información corroborativa de otras fuentes".

3.3.2 PROCEDENCIA

La tercera norma relativa al trabajo de campo señala que el auditor obtendrá <u>material de prueba suficiente, y adecuado</u>, por medio de la inspección, observación, investigación, indagación y confirmación, para lograr una base razonable y así poder expresar una opinión en relación con los Estados Financieros que se examinan.

La mayor parte de las labores de auditoría, se les dedica a la obtención de la evidencia, porque ésta provee al auditor, de una base racional para la formulación de sus juicios.

La evidencia de auditoría, difiere de la evidencia legal, ya que ésta se circunscribe a la ley.

- Código Procedimiento Penal   Art. 107/112
- Código Procedimiento Civil   Art. 114/123

3.3.3 SUFICIENCIA DE LA EVIDENCIA

Cantidad por obtener

Es la evidencia tan veraz y adecuada, así como convincente, que al ser informada llevará a una persona <u>prudente</u>, que no es un auditor y no tiene conocimiento específico del asunto, llegar a las mismas conclusiones del auditor.

<u>Suficiencia</u> se refiere al volumen o cantidad de la evidencia, tanto como sus calidades de pertinencia o competencia.

Cuando el auditor tenga una duda sustancial con respecto a una aseveración importante debe <u>abstenerse</u> de formular una opinión, hasta que haya obtenido evidencia suficiente para eliminar esa duda.

3.3.4 COMPETENCIA DE LA EVIDENCIA

Adecuada – Contundente - Probatoria - De carácter concluyente

La validez de la evidencia depende en grado tal, de las circunstancias en las que se la obtiene.

1. Cuando la evidencia puede obtenerse de fuentes independientes fuera de la entidad, ésta da más confianza, que aquella que se la obtiene dentro de la entidad.

2. Cuando el Control Interno es satisfactorio, existe más confiabilidad, que cuando no existen condiciones favorables de control.

3. Conocimiento personal del auditor a través del examen físico nos da evidencias más persuasivas, que cualquier evidencia que se obtiene en forma indirecta.

3.3.5 EVIDENCIA PERTINENTE

Propia del área examinada

La evidencia pertinente es aquella que es válida y relevante al hallazgo específico.

Los papeles de trabajo e información, relacionados al desarrollar un hallazgo, deben tener <u>relación directa</u> con el mismo y también con sus recomendaciones.

Debe evitarse la acumulación indiscriminada de papeles y documentos que puedan estar relacionados con el tema; pero que <u>no</u> tienen ninguna relación potencial con el hallazgo específico.

3.3.6 CLASIFICACIÓN DE LA EVIDENCIA

EVIDENCIA FÍSICA

- Existe en todo cuanto nos rodea.
- Se obtiene por medio de una inspección u observación directa, a:
    a) Las actividades ejecutadas por las personas.
    b) Los documentos y registros originales.
    c) Hechos relacionados con el objeto del examen.
- Ejemplo: Fotos de una bodega, pueden probar prácticas inapropiadas de almacenamiento.

EVIDENCIA TESTIMONIAL

- Es la información obtenida a través de cartas o respuestas de indagaciones recibidas por medio de entrevistas.
- La declaración verbal de un funcionario, tiene un valor limitado como evidencia.
- Se convalidan, cuando son corroboradas por auditores, a través de las pruebas a los registros.
- Las declaraciones de los funcionarios son fuente valiosa de información – explicaciones, justificaciones, razonamientos – dando guías que muchas veces son difíciles de obtener en una prueba independiente de auditoría.

EVIDENCIA DOCUMENTAL

FUERA DE LA ORGANIZACIÓN (EXTERNA)

- Son aquellas que se originan fuera de la entidad. (Facturas, cartas).
- El documento externo es el más digno de confianza, siempre y cuando llegue directamente a las manos del auditor.
- Se debe tener siempre la <u>posibilidad de alteración</u> de los documentos, en estos casos es necesario investigar, incluso en la fuente de origen.

DENTRO DE LA ORGANIZACIÓN

- La evidencia interna, que circula fuera de la entidad, puede tener la misma confiabilidad que la evidencia externa.
- Pocos son los documentos que están sujetos a revisión y aprobación externa.
- Ejemplo: Orden de Compra, Autorización de entrega de mercaderías. Regresan con vistos buenos.
- Existen factores que afianzan la evidencia interna:
  - Su circulación
  - Control Interno Satisfactorio

EVIDENCIA ANALÍTICA

- Se origina en la verificación de cualquier información a través de:
  a) Computaciones
  b) Comparaciones con:
     1. Leyes, normas, reglamentos, jurisprudencias.
     2. Operaciones anteriores, transacciones, movimientos contables.
  c) Raciocinio
  d) Análisis

EVIDENCIA VERBAL

- En auditoría, se conoce como prueba - <u>semiplena</u> – la misma que tiene que ser investigada con mucho cuidado y con profundidad.
- <u>Dos</u> <u>testigos</u> de la misma prueba pueden dar <u>plena</u> <u>prueba</u>.-
- De no ser comprobada la información verbal, no será conveniente ni prudente revelarla en un informe.
- En muchos casos esta información queda como una opinión del auditado.

3.3.7   COSTO DE OBTENCIÓN

- El auditor trabaja típicamente dentro de los límites económicos.

➢ El costo (en dinero y tiempo) de la obtención de la evidencia más confiable y deseable puede ser tan elevado, que el auditor tendría obligatoriamente que aceptar evidencia de menor calidad, pero que él considere satisfactoria dentro de las circunstancias.

➢ Los indicios de riesgos relativos más elevados de lo normal exigen al auditor obtener más y mejor evidencia, que aquella requerida en circunstancias normales.

➢ Jamás se debe omitir una prueba temiendo que el costo que implique ella, sea demasiado alto en relación con la importancia relativa que de ella obtengamos.

3.4 LOS PAPELES DE TRABAJO Y SUS FORMAS DE ARCHIVO

3.4.1 DEFINICIÓN

Conjunto sistemático y referenciado de los registros, anotaciones, documentos, cédulas sumarias, analíticas, resúmenes, comentarios y conclusiones, o cualquier otra prueba documental preparada u obtenida por el auditor en el transcurso de un examen.

Se denominan cédulas sumarias a los papeles de trabajo que están vinculados con una o varias cuentas de mayor y se conocen como cédulas analíticas a los papeles de trabajo que evidencian la descomposición de un universo y pueden estar relacionados con cuentas de mayor y cuentas auxiliares de contabilidad.

3.4.2 IMPORTANCIA PARA EL AUDITOR

El elemento de juicio para la evaluación del auditor se basa en sus Papeles de Trabajo. Cuando estos están elaborados en la forma debida en orden y legibles con encabezamientos completos explicaciones de fuentes de datos y labores de verificación llevados a cabo, crean en los superiores una confianza plena en el auditor y en su trabajo.

Los papeles de trabajo de los auditores son la única evidencia que documenta la extensión de los procedimientos que se aplica y la evidencia reunida durante la Auditoría. Si los auditores después de terminar un trabajo son acusados de negligencia, sus papeles de trabajo serán un factor importante para refutar o justificar el cargo.

El Código de Ética Profesional del AICPA manifiesta: "Un miembro no revelará ninguna información confidencial que obtenga en el curso de un trabajo profesional, excepto con el consentimiento del cliente" por lo tanto los papeles de trabajo son confidenciales y deben salvaguardarse todo el tiempo.

3.4.3 PROPÓSITO DE LOS PAPELES DE TRABAJO

Los papeles de trabajo tienen diversos propósitos entre los que se anotan:
- Para organizar y coordinar todas las fases del trabajo de Auditoría
- Instrumento para la realización de los procedimientos
- Para ayudar a los socios, gerentes y contadores, jefes en la revisión del trabajo realizado por los miembros del personal de Auditoría
- Para facilitar la preparación del informe de Auditoría
- Para comprobar y explicar las opiniones y los hallazgos resumidos en el informe
- Fuente de información para el entrenamiento y evaluación
- Proveer un registro permanente
- Como guía para exámenes posteriores
- Normalizar técnicas y rutinas

3.4.4 TÉCNICAS PARA LA PREPARACIÓN DE LOS PAPELES DE TRABAJO

Con el fin de maximizar la utilización de los papeles de trabajo su preparación ha de seguir las siguientes normas generales:

- Elementos técnicos en el encabezamiento
- Elementos referentes al preparador
- Elementos referentes a la preparación
- Descripción de los papeles de trabajo
- Índices de los papeles de trabajo
- Marcas de trabajo efectuado

3.4.5 CONSIDERACIONES GENERALES

Es fundamental tener presente ciertas consideraciones básicas al preparar los papeles de trabajo si se quiere contribuir a la utilidad y eficacia del examen. Los papeles de trabajo deben diseñarse y preparase de forma que pueda asegurarse que los supervisores puedan revisar de forma eficiente y eficaz el trabajo realizado.

Además de las consideraciones generales sobre el formato, otras características fundamentales de unos buenos papeles de trabajo son las siguientes:

- Deben ser totalmente preparados partiendo del punto de vista de la inclusión de todos los datos necesarios y utilidad máxima
- Deberán incluir en ellos los datos que sean pertinentes
- Todos los asuntos incluidos en los PAPELES DE TRABAJO finales deben tener un objetivo relacionado con el tema
- Incluirán los datos que sustentan alguna afirmación a conceptos expresados
- Presentarán todos los datos necesarios que han de respaldar la propiedad de los registros y operaciones

- Todos los papeles de trabajo deberán elaborarse con limpieza y ser matemáticamente exactos
- Deberán contener un enunciado conciso del trabajo ejecutado con su preparación
- El auditor que prepara un papel de trabajo debe incluir unas iniciales y la fecha en que los elabora en una parte especial de dicha hoja.
- La utilización de los registros del cliente, fotocopia de los mismos y/o el hecho que el personal del cliente prepare o contribuya a la preparación puede presentar un ahorro de tiempo considerable.
- Cada papel de trabajo debería explicarse por sí mismo

3.4.6 CLASES DE PAPELES DE TRABAJO

Puesto que un papel de trabajo es cualquier registro que va acumulando el auditor durante las revisiones que justifican su opinión, se hace patente que los papeles de trabajo variarán ampliamente en su forma y composición. Sin embargo, la mayoría de ellos puede incluirse en una o más categorías comunes.

La clasificación de los papeles de trabajo se determina según la naturaleza de la auditoría y las necesidades y procedencia de datos. Además de clasificar los papeles de trabajo según su forma y contenidos, pueden clasificarse también en permanentes y correspondientes al período actual.

- BALANCE DE COMPROBACIÓN.- Constituye el papel clave en las auditorías financieras, sirve de control y resume todos los papeles justificativos

- PAPELES DE RESUMEN.- Las cuentas pueden combinarse en una única cantidad y listarse los totales en un balance de comprobación.

- ASIENTOS DE AJUSTE Y RECLASIFICACIÓN.- A medida que la auditoría avanza el auditor debe determinar la necesidad de introducir ajustes.

- LISTA DE CUENTAS O PARTIDAS.- Es el sistema de resumen aunque también puede ser la repetición de información existente en su forma original

- PAPELES DE TRABAJO ANALÍTICOS.- Muestran el análisis de una cuenta o partida concreta, muestran también la composición y el carácter de la partida de forma de que el auditor pueda seguir la pista.

- PAPELES DE TRABAJO DE CONCILIACIÓN.- El auditor conciliará los diversos tipos de información que se obtienen de varias fuentes

- PAPELES DE TRABAJO DE CÁLCULO.- Sirven de soporte a los mencionados anteriormente, porque muestran los cálculos independientes realizados por el auditor.

- PAPELES DE TRABAJO DESCRIPTIVOS Y DE MEMORÁNDUM.- Estos muestran que el auditor ha planificado su revisión debidamente y que ha seguido esta planificación en los trabajos.

- PAPELES DE TRABAJO DE EXTRACTOS.- Con frecuencia se recopila información puramente explicativa porque es necesario justificar los diversos datos presentados.

- DIAGRAMAS DE FLUJO.- Estos pueden ser de gran utilidad en la evaluación del sistema y en las revisiones del Control Interno.

- PAPELES DE TRABAJO DE CONSOLIDACIÓN.- Deberían disponerse de forma similar al balance de comprobación para que especifiquen claramente todas las consideraciones que se han de hacer a la hora de combinar las cuentas.

- PAPELES DE TRABAJO CREADOS POR ORDENADOR.- La mayor parte de los listados y extractos de los mismos que se incluyen en los papeles de trabajo pueden prepararse mediante una computadora. La fuente y controles ejercidos al crear este tipo de información debería estar debidamente documentada dada que el registro subyacente puede no existir de forma física.

➢ OTROS PAPELES DE TRABAJO.- También pueden incluirse como parte importante de la documentación en los papeles de trabajo otros documentos y material de evidencia acumulada por el auditor.

3.4.7 REGLAS BÁSICAS PARA LA ELABORACIÓN DE PAPELES DE TRABAJO

Las siguientes son las reglas mínimas para la elaboración de los papeles de trabajo adecuados:

1. Identifique cada hoja. El encabezamiento debe incluir el orden siguiente:
   a. El nombre de la entidad
   b. La descripción de la información presentada
   c. El período cubierto o fecha correspondiente.
2. Use una hoja separada para cada asunto. Cualquier dato que sea de suficiente valor para ser incluido en los papeles de trabajo, merece una hoja completa con encabezamiento explicativo.
3. Use sola la cara de cada hoja. Esto evita el olvidar los datos que están al dorso de una hoja así todos los datos serán más legibles.
4. Identifique a la persona que elaboró el papel de trabajo. El responsable de cada papel debe registrar sus iniciales y la fecha de elaboración.
5. Identifique al supervisor. La persona que revisa los papeles antes de aprobar el informe final y los papeles de trabajo, debe registrar sus iniciales, indicando su aprobación y la fecha.
6. Incluya la información completa y específica. El auditor debe proporcionar datos completos, nombres, títulos, códigos, etc., en cada caso de análisis de cuentas, entrevistas con empleados, examen de documentos, etc.
7. Suministre índices completos. Todos los papeles de trabajo deben tener su índice. Cada hoja debe incluir su propio número o letra que le identifique y cuando sea necesario las referencias cruzadas.
8. Proporcione en forma clara la fuente de los datos. No dé lugar a dudar sobre la fuente de donde extrajo la información para los papeles de trabajo ya sea libro, registro, documento, cuenta del mayor u otra fuente.

9. Incluya la extensión y alcance de las pruebas selectivas aplicadas. Cuando aplique pruebas selectivas debe reflejar los procedimientos de selección del muestreo y el porcentaje de transacciones examinadas en relación con todas las transacciones.
10. Determine claramente el propósito de cada papel de trabajo y su relación con los objetivos de la auditoría. No se debe incluir datos insignificantes para los objetivos de la auditoría.
11. Mantenga hojas de notas para recordar asuntos por aclarar o examinar durante el examen. Todos estos puntos deben ser aclarados o resueltos antes de terminase la Auditoría.
12. Prepare un papel de trabajo con marcas, índices y archivos de auditoría. Es imposible recordar el significado de las marcas de auditoría. Además su leyenda es necesaria en las etapas de revisión.
13. Efectúe el procedimiento correspondiente antes de registrar una marca de auditoría. Una interrupción puede hacer que no se cumpla con el procedimiento pero la marca significaría que se ha cumplido el procedimiento.
14. Incluya observaciones generales o resúmenes de comentarios sobre los resultados de cada fase o aspecto del examen. El auditor debe registrar sus observaciones sobre todos sus hallazgos.
15. Coloque los papeles de trabajo en su sitio apenas acabe de prepararlos. Cada vez que el auditor termine un papel de trabajo debe ponerlo en el orden que le corresponde. Todos los papeles terminados deben guardarse en el orden en que la plantilla de índices lo disponga.

El empleo de una carpeta con hojas sueltas es aconsejable para guardarlos en orden, permitiendo su fácil identificación cuando sea necesario.

16. Utilice la técnica de referencia cruzada. Hasta donde sea posible los papeles de trabajo deben tener una referencia cruzada con otros relacionados. Así mismo deben tener una referencia cruzada con el programa de auditoría. Una efectiva referencia cruzada con el programa de auditoría a menudo disminuye la necesidad de copiar datos.
17. No redacte de nuevo hojas ya elaboradas. La repetición de los papeles de trabajo es evidencia de falta de eficiencia y de planeamiento. "El auditor como el contador deben redactar una vez y de manera correcta".

18. Lleve consigo todos los artículos y materiales necesarios para efectuar sus labores. El auditor debe llevar a la oficina de la entidad los lápices, papeles en blanco y otros materiales que requiera su trabajo, para evitar en lo posible la necesidad de solicitar artículos y materiales de la entidad / empresa auditada.
19. Utilice lápiz.- Los papeles de trabajo deben prepararse a lápiz.
20. Ahorre tiempo.- Para ganar tiempo obtenga copias extras de material impreso o utilice el equipo reproductor. No sacar copias sino de las que en realidad se necesitan.
21. Indique las fuentes de documentación. Se deben indicar clara y específicamente las fuentes de documentación incluida en los papeles de trabajo. Cuando se trate de un documento de una entidad se debe indicar en dicho papel quién preparó el documento y por qué, si dicha información no aparece en el documento.
22. Escriba los comentarios a doble espacio. Para facilitar futuras añadiduras y revisiones y para mejorar la legibilidad, los comentarios en los papeles de trabajo deben estar escritos a doble espacio.
23. Haga referencia a los ajustes y reclasificaciones si los hay. Si se realizan ajustes o reclasificaciones de auditoría en las cifras de la entidad, esto debe ser indicado claramente en todos los papeles de trabajo en los cuales aparecen dichas cifras.
24. Verifique los totales de las columnas.- Debe efectuarse doble verificación independiente de los totales de las columnas, totales cruzados y computaciones de datos numéricos.
25. Totalidad y precisión.- Los papeles de trabajo deben ser completos y precisos para proporcionar un respaldo apropiado para los hallazgos, conclusiones y recomendaciones y para permitir demostrar la naturaleza y alcance del examen.
26. Claridad y comprensibilidad. Los papeles de trabajo deben ser claros y comprensibles sin necesidad de explicaciones verbales suplementarias.
El que sea conciso es importante pero no se debe sacrificar la claridad ni la comprensión solo por ahorrar tiempo o papel.
27. Legibilidad y pulcritud.- Los papeles de trabajo deben ser legibles y lo más pulcros posible. Debe evitarse el amontonar de palabras y escribir entre líneas dejando espacios adecuados antes de escribirlas.
28. Pertenencia.- La información contenida en los papeles de trabajo debe limitarse a los asuntos que son materialmente importantes, pertinentes y útiles con relación a los objetivos establecidos para la auditoría.

Antes de terminar una auditoría el supervisor debe hacer los arreglos necesarios para retirar o agregar todos los papeles de trabajo que no son necesarios o pertinentes en respaldo a la labor efectuada. Si se reúne una gran cantidad de información o papeles innecesarios, la información importante puede pasarse por alto u obscurecerse.

El costo de preparación de papeles de trabajo es parte importante del costo total de examen que se efectúa y debe estar justificado por la información que figura en ellos.

29. Evitar detalles excesivos.- Es necesario cuidarse de los detalles excesivos en los papeles de trabajo. Resúmenes y breves descripciones de las cuentas examinadas, pasos de auditoría aplicados, alcance del trabajo y hallazgos y conclusiones son mucho más importantes e informativos.

30. Identificar los archivos.- La cubierta de cada archivo debe incluir una identificación como la siguiente:
Nombre de la dirección de auditoría y número de códigos.
Nombre y ubicación de la entidad examinada.
Tema de la labor efectuada.
Período abarcado por la auditoría u otra fecha aplicable.
Clasificación de seguridad.

31. Evitar archivos voluminosos.- Se debe evitar los archivos o carpetas individuales excesivamente gruesos ya que son difíciles de manipular y se deterioran rápidamente con el uso.

32. Incluir índices del archivo.- En cada archivo de los papeles de trabajo debe haber un índice de su contenido.

33. Debe firmarse y fecharse cada papel de trabajo.

34. No se incluya o copie material insignificante o que no venga al caso.

3.4.8 FORMATOS DE PAPELES DE TRABAJO COMUNMENTE UTILIZADOS

El auditor en su trabajo de campo acostumbra a utilizar papeles de trabajo, formatos que están a disposición en los anexos de este documento, los mismos que recomendamos sean utilizados y rediseñados de acuerdo a sus necesidades.

3.4.9 ARCHIVO DE PAPELES DE TRABAJO

Los Papeles de Trabajo deben ser guardados de forma razonable y sistemáticamente para lo cual se preparará dos tipos de archivos:

- Archivo Permanente
- Archivo Corriente

ARCHIVO PERMANENTE.- Este archivo contiene información de interés y que puede ser utilizada en futuras auditorías. Sirve como información básica para planificar auditorías subsecuentes pero debe revisarse y actualizarse periódicamente.

El contenido del archivo permanente varía según la necesidad del auditor, pero generalmente incluye los siguientes elementos:

1. Índice
2. Copias o extractos de la escritura de constitución y de los reglamentos de la sociedad
3. Resúmenes de reuniones
4. Estructura de la organización
5. Distribución de la Planta.
6. Copias de las Actas.
7. Catálogos de Cuentas.
8. Copias de Arrendamientos.
9. Asuntos financieros y contables.
10. Disposiciones financieras especiales y otros contactos.
11. Detalles de operaciones.
12. Análisis de Cuentas Permanentes (terrenos, edificio).
13. Resumen de los Principios de Contabilidad empleados por el cliente, artículos de periódicos de la compañía cliente
14. Demás información pertinente.

ARCHIVO CORRIENTE.- Conocido como General, comprende todos los papeles de trabajo preparados durante la auditoría específica de un período. Este archivo varía de auditoría en auditoría, aún para la auditoría para un mismo cliente.

Se puede clasificar a su vez en ARCHIVO ANÁLITICO en el que se identifica las cuentas de mayor y auxiliares y ARCHIVO GENÉRICO con documentación que no pertenecen al análisis de cuentas.

Su contenido debería ordenarse según un índice. Los contenidos varían según el tipo de empresa que se está auditando y los objetivos de la auditoría, pero, por lo general, incluirán los siguientes elementos:

1. Memorándum de auditoría
2. Cuestionarios de control interno
3. Programa de auditoría
4. Correspondencia con terceros
5. Hojas de orden del día
6. Informe de auditoría
7. Carta de recomendaciones
8. Balance de comprobación
9. Ajustes y reclasificaciones de auditoría y asientos de cierre sugeridos al cliente
10. Sumario o resumen de cada sección
11. Papeles justificativos y análisis
12. Resumen de tiempos y gastos y presupuestos de los mismos
13. Notas para la próxima auditoría
14. Demás información pertinente.

Los papeles de trabajo ocupan mucho espacio por lo que podrían resultar ventajoso subdividir los archivos de alguna forma. Esto puede hacerse transfiriendo uno o más papeles a un archivo separado, con índice de referencia adecuada, que permita administrar de mejor manera los papeles de trabajo. Así se puede tener los siguientes archivos:

ARCHIVO ADMINISTRATIVO.- Puede incluir todos los aspectos administrativos de una auditoría con un cliente concreto y puede contener el nombre, dirección, número de cuenta y toda la información relacionada con los aspectos administrativos del cliente.

ARCHIVO DE CORRESPONDENCIAS.- La correspondencia general de los clientes se puede mantener en archivos separados en orden alfabético y cronológico.

ARCHIVO FISCAL.- Los asuntos fiscales se pueden tener en archivos en los cuales se incluye copia a lápiz de la declaración a la renta, registros de los pagos por concepto de importación, registro de gravámenes, desembolsos y normas de procedimientos de la presentación de asuntos fiscales.

ARCHIVO DE ANÁLISIS.- Conformado por la documentación que recoge la aplicación de los procedimientos del auditor.

ARCHIVO DE PLANIFICACIÓN.- Son documentos relativos a las actividades de planificación y supervisión de la Auditoría.

El acceso a los archivos de las diversas auditorías tiene que limitarse exclusivamente al personal de auditoría. Los papeles de trabajo deben conservarse el tiempo requerido por las disposiciones profesionales y legales vigentes.

3.5 MARCAS, ÍNDICES Y TÉCNICAS DE REFERENCIACIÓN CRUZADA

El auditor identifica en sus papeles de trabajo mediante marcas o símbolos de distintas formas o tamaños y posiblemente de diversos colores, las pruebas por las realizadas y comentarios que han sido investigados.

MARCAS DEL AUDITOR.- Llamadas también claves de auditoría "tildes" etc., son signos particulares y distintivos que hace el auditor para identificar el tipo de trabajo o prueba efectuado.

ÍNDICES.- Todo papel de auditoría debe identificarse mediante un índice, de acuerdo al orden de las cuentas de los estados financieros. Comúnmente se utiliza una combinación de números y letras, así, se puede emplear letras mayúsculas simple para Activos, doble para los rubros de Pasivo, Patrimonio, Cuentas de Orden, y letras específicas como "Y" para los ingresos "G" para los gastos.

TÉCNICAS DE REFERENCIACIÓN CRUZADA.- El auditor además referencia la información relacionada entre distintos papeles de trabajo de tal forma que la relación existente entre ellos sea cruzada utilizando para esto, los índices de cada papel de trabajo. Esto permite mayor fluidez en la localización de la información que contienen los papeles de trabajo.

3.6 PREGUNTAS DE REPASO.

- ✓ ¿Cuál es la definición más adecuada de "Técnicas de Auditoría"?
- ✓ En su opinión ¿cuáles son las técnicas más eficientes y que le dejan al auditor pruebas irrefutables de su labor?
- ✓ Explique ¿en qué consiste la planificación de la Auditoría?
- ✓ ¿Los programas de auditoría estándares son mejores que los programas específicos?
- ✓ La evidencia documental obtenida fuera de la organización es mucho mejor que la que obtenemos dentro de la empresa. Explique.
- ✓ ¿Cuál es el propósito de los papeles de trabajo?
- ✓ ¿Por qué usamos lápiz para escribir en los papeles de trabajo y una sola cara de ellos?
- ✓ Elabore una propuesta "plantilla de trabajo" para codificar los papeles de trabajo.

CAPÍTULO 4
PROCESO DE LA AUDITORÍA

EL PROCESO DE CONTRATACIÓN DE LA AUDITORÍA

4.1.1. CARTA DE PRESENTACIÓN

Una firma de auditores da a conocer sus servicios profesionales a un posible cliente a través de una Carta de Presentación que contiene sus conocimientos técnicos, experiencia, condiciones y organización del equipo de auditoría, así como las garantías del trabajo que se va a desarrollar y el plazo en el que va a ejecutar el examen.

La carta de presentación debe contener al menos las siguientes partes:

1. Antecedentes y objetivos de la firma auditora
2. Dirección de las oficinas de la firma
3. Requisitos legales y organismos que avalizan su funcionamiento
4. Características de los servicios profesionales
5. Antecedentes profesionales del equipo de auditoría
6. Experiencia y trabajos realizados
7. La forma de ejecución del trabajo
8. Alcance
9. Declaración de que el examen se realizará de acuerdo con normas de auditoría generalmente aceptadas
10. Declaración del proponente de que no existe conflicto de intereses
11. Informes a emitir
12. Equipo de auditores
13. Personal de apoyo
14. Propuesta económica
15. Plazo

4.1.2. ADMISIÓN DE UN NUEVO CLIENTE

La prudencia sugiere que un auditor sea selectivo en la determinación de sus relaciones profesionales. El auditor, dependiendo de la forma en que haya entrado en contacto con el cliente, debería considerar varios procedimientos de evaluación antes de aceptarlo, sugerimos

- Obtener y revisar la información financiera disponible.
- Averiguar a través de terceros cualquier información referente al posible cliente, a la dirección y sus ejecutivos principales.
- Considerar las circunstancias que darían lugar a una atención especial por parte de la firma.
- Evaluar la independencia y habilidad de la firma para prestar sus servicios al futuro cliente.
- Asegurarse de que la aceptación o admisión del cliente no violaría los requisitos legales ni el código de ética profesional.
- Si la entidad ha sido anteriormente auditada, el auditor sucesor se comunicará con la firma de auditoría o con el auditor predecesor para que le ayude a evaluar si debe aceptar o no el compromiso y para solicitar el permiso correspondiente, pidiendo al futuro cliente que autorice al auditor anterior para responder íntegramente a sus preguntas.

4.1.3. LA DECISIÓN DE ACEPTAR

El auditor debe evaluar la información obtenida referente al futuro cliente y después de que ha considerado varios factores, tomará la decisión de aceptar y documentar las conclusiones alcanzadas.

4.1.4. LA CARTA DE COMPROMISO

Los términos convenidos entre el auditor y el cliente necesitan ser registrados en una carta compromiso de auditoría u otra forma apropiada de contrato. La carta compromiso documenta y confirma la aceptación del nombramiento por parte del auditor, el objetivo y alcance de la auditoría, el grado de las responsabilidades del auditor hacia el cliente y la forma de cualesquier informe.

Sirve de testimonio en caso de controversia o de litigio sobre los servicios prestados, ya que recopila la información sobre los acuerdos clave a que han llegado en los comentarios preliminares el auditor y el cliente.

CONTENIDO PRINCIPAL

La forma y contenido de las cartas compromiso pueden variar para cada cliente, pero la NIA 210 señala un ejemplo e indica que generalmente contendrán:

a) El objetivo de la auditoría de estados financieros.
b) Responsabilidad de la administración por los estados financieros.
c) El alcance de la auditoría, incluyendo referencia a legislación aplicable, reglamentos, o pronunciamientos de organismos profesionales a los cuales se adhiere el auditor.
d) La forma de cualesquier informe u otra comunicación de resultados del trabajo.
e) El hecho de que, a causa de la naturaleza de prueba (pruebas selectivas) y otras limitaciones inherentes de una auditoría, junto con las limitaciones inherentes de cualquier sistema de contabilidad y control interno, hay un riesgo inevitable de que aún algunas exposiciones erróneas de carácter significativo puedan permanecer sin ser descubiertas.
f) Acceso sin restricción a cualesquier registro, documentación y otra información solicitada en conexión con la auditoría.

El auditor puede también incluir en la carta compromiso los siguientes aspectos:

a) Arreglos respecto de la planificación de la auditoría.

b) Expectativa de recibir de la administración una confirmación escrita referente a las exposiciones realizadas en conexión con la auditoría.
c) Petición al cliente de confirmar los términos del trabajo acusando recibo de la carta compromiso.
d) Descripción de cualesquiera otras cartas o informes que el auditor espere emitir para el cliente.
e) Bases sobre las que se calculan los honorarios y cualesquier arreglo para facturación.

Cuando se considere importante, pudieran señalarse los siguientes puntos:

1. Arreglos respecto a la participación de otros auditores y expertos en algunos aspectos de la auditoría.
2. Arreglos con respecto a la participación de auditores internos y algún otro personal del cliente.
3. Arreglos para hacer con el auditor precursor, si hay uno, en el caso de una auditoría inicial.
4. Cualquier restricción a la responsabilidad del auditor cuando exista tal posibilidad. Una referencia a cualesquier acuerdo adicional entre el auditor y el cliente.

4.2 BASES PARA LA PLANIFICACIÓN ESTRATÉGICA, PLANIFICACIÓN ESPECÍFICA Y PROGRAMACIÓN DE LA AUDITORÍA

4.2.1 INTRODUCCIÓN DE LA PLANIFICACIÓN

Para la efectiva ejecución y terminación de una auditoría, por pequeña que esta sea se requiere del planeamiento y preparación de un programa de trabajo.

"Planificación" significa desarrollar una estrategia general y un enfoque detallado para la naturaleza, oportunidad y alcance esperados de la auditoría. El auditor proyecta efectuar la auditoría de manera eficiente y oportuna.

La planificación adecuada del trabajo de auditoría ayuda a asegurar que se preste atención adecuada a áreas importantes de la auditoría, que los problemas potenciales sean identificados y que el trabajo sea completado en forma expedita. La planificación también ayuda para la apropiada asignación de trabajo a los auxiliares y para la coordinación del trabajo realizado por otros auditores y expertos.

El grado de planificación variará de acuerdo con el tamaño de la entidad, la complejidad de la auditoría y la experiencia del auditor con la entidad y conocimiento del negocio. La planificación de auditoría no debe ser de carácter rígido e inflexible, el auditor debe estar preparado para realizar modificaciones durante el desarrollo del trabajo.

4.2.2 DISPOSICIONES PRELIMINARES

Los primeros pasos que da el auditor en el proceso de planificación es la obtención del conocimiento adecuado del negocio del cliente. Se obtiene información para:

- Identificar las áreas que podrían requerir consideración especial.
- Evaluar las situaciones en las que se producen, procesan, revisan, y acumulan los datos de contabilidad de la organización.
- Evaluar la racionalidad de las estimaciones, como la valoración de inventarios, asignaciones por depreciación de cuentas dudosas y grado de terminación de los contratos a largo plazo.
- Valoración de la racionalidad de los representantes de la dirección.
- La formación de una opinión sobre la coherencia de los principios de contabilidad aplicados y la adecuación de los desgloses.

Para poder realizar todo esto el auditor utiliza procedimientos como:

- Entrevistas
- Visitas previas a oficinas y fábricas, y
- Recopilación de cierta información importante

4.2.3 PLANIFICACIÓN ESTRATÉGICA

Es el proceso que le permite al auditor realizar un diagnóstico de la situación actual y del futuro deseado de la empresa auditada. La planificación estratégica ayuda al auditor a determinar cómo serán empleados los diferentes recursos contra la competencia dentro del macro - ambiente.

Esta planificación se caracteriza porque:

- Se la realiza para largo plazo
- Se detalla qué hacer y cómo hacer en el largo plazo
- Pone énfasis en la búsqueda de permanencia de la empresa en el tiempo
- Tiene o persigue grandes lineamientos
- Realiza un análisis del entorno interno y externo de la empresa
- Incluye: Misión, visión de futuro, valores corporativos, objetivos, estrategias y políticas.

PROCEDIMIENTOS A UTILIZAR EN LA PLANIFICACIÓN ESTRATÉGICA DE LA AUDITORÍA

1. Conocer y entender la organización
2. Conocer y evaluar los sistemas contable y presupuestario
3. Comprender y evaluar los procedimientos específicos de control
4. Identificar y evaluar los controles claves y riesgos de auditoría
5. Determinar el tipo de pruebas de auditoría y su alcance
6. Preparar los programas de auditoría, distribuir el trabajo y asignar los recursos

PLANTILLA DE PLANIFICACIÓN

El contenido mínimo que una plantilla de planificación debe tener es la siguiente:
- Nombre del examen y período objeto de análisis
- Áreas a examinar
- Detalle de los asuntos que preocupan a los auditados
- Detalle de aspectos importantes que preocupan a los auditores
- Listado de funcionarios principales

- Base legal aplicable a las operaciones analizadas
- Costo de la Auditoría
- Cronograma de Trabajo
- Evaluación del riesgo de Auditoría

4.2.4 PLANIFICACIÓN ESPECÍFICA

Comprende la evaluación de la estructura del Control Interno con el fin de obtener información adicional referente a los componentes exclusivamente seleccionados en la planificación estratégica, para calificar los riesgos de auditoría y seleccionar los procedimientos que pueden ser aplicados.

Debemos considerar los reportes de la planificación estratégica sobre los componentes a ser evaluados así como recopilar información adicional sobre dichos componentes.

El auditor debe usar su juicio profesional para evaluar el riesgo de auditoría y diseñar los procedimientos de auditoría para asegurar que el riesgo se reduce a un nivel aceptablemente bajo.

"Riesgo de auditoría" significa el riesgo de que el auditor de una opinión de auditoría no apropiada cuando los estados financieros están elaborados en forma errónea.

El riesgo de auditoría tiene tres componentes: riesgo inherente, riesgo de control y riesgo de detección.

"Riesgo inherente" es la susceptibilidad del saldo de una cuenta o clase de transacciones a una exposición errónea que pudiera ser de carácter significativo, individualmente o cuando se agrega con exposiciones erróneas en otras cuentas o clases, asumiendo que no hubo controles internos relacionados.

"Riesgo de control" es el riesgo de que una exposición errónea que pudiera ocurrir en el saldo de cuenta o clase de transacciones y que individualmente pudiera ser de carácter significativo o cuando se agrega con exposiciones erróneas en otros saldos o clases, no sea evitado o detectado y corregido con oportunidad por los sistemas de contabilidad y de control interno.

"**Riesgo de detección**" es el riesgo de que los procedimientos sustantivos de un auditor no detecten una exposición errónea que existe en un saldo de una cuenta o clase de transacciones que podría ser de carácter significativo, individualmente o cuando se agrega con exposiciones erróneas en otros saldos o clases.

PLANTILLA DE PLANIFICACIÓN

El contenido mínimo de una plantilla de planificación es:

- ➢ Motivo del examen
- ➢ Objetivos del examen
- ➢ Alcance
- ➢ Medición del riesgo de Auditoría
  - Determinación por componentes de las actividades o procesos a ser analizados
  - Determinación de los riesgos de auditoría
  - Una descripción breve de los problemas encontrados en los diferentes componentes de las áreas a examinar
  - Instrucciones específicas que tienen que realizar en el desarrollo de la auditoría por parte el personal del equipo de trabajo

- ➢ Tabla de valoración del riesgo de auditoría
  - Componentes
  - Riesgo inherente
  - Riesgo de control
  - Riesgo de auditoría
  - Nivel de confianza

Como se puede observar, la planificación por su complejidad, requiere de personal con suficiente entrenamiento y experiencia profesional para que en un tiempo relativamente corto tome información de la empresa a auditar y elabore los planes y programas de auditoría circunscritos para la empresa.

4.2.5 VISITA PREVIA PARA LA INICIACIÓN DEL TRABAJO DE CAMPO

Antes de iniciar una auditoría de los Estados Financieros, el auditor debe visitar las oficinas y planta de producción.
Esta visita proporcionará al auditor una visión general de las salvaguardias físicas existentes, con relación a las recepciones y despachos de mercaderías, almacenaje y otros aspectos de control interno que le serán útiles posteriormente para el trabajo a realizar.

Tendrá la oportunidad de relacionarse con las personas claves que laboran en la empresa. Reconocerá los lugares en los que se guardan los archivos contables, a los responsables del manejo de la información contable y de cómo están subdivididas las actividades de los departamentos a evaluar.

Esta visita no deberá efectuarla únicamente al inicio de la auditoría por el contrario, deberá hacerla las veces que estimare conveniente, para continuar observando el control interno, los procedimientos contables, las prácticas sanas y otros aspectos operacionales de la empresa.

EL AUDITOR PROFESIONAL NUNCA DEBE INVERTIR TODO SU TIEMPO TRAS UN ESCRITORIO, PUES PIERDE LA OPORTUNIDAD DE AMPLIAR SU CRITERIO Y SE CONVIERTE EN UN AUTOMÁTA.

4.3 LA COMUNICACIÓN DE LOS RESULTADOS

La fase más significativa de la auditoría es la última, pues esta constituye el resultado final de las labores del equipo de auditoría. Cada auditoría profesional culmina en un informe por escrito.

La firma de auditoría o auditor profesional independiente, puede obtener gran prestigio y aceptación basándose en la calidad de sus informes.

Un informe contiene la opinión imparcial y objetiva del profesional sobre hechos realizados en el examen y que permite a los Directivos tomar decisiones oportunas y correctas que impulsen mejoras a la empresa.

4.3.1 CARTA A GERENCIA, IMPORTANCIA Y OPORTUNIDAD

Desde nuestro punto de vista es una comunicación de resultados que se envía al gerente de la compañía examinada sobre aspectos relevantes que se presentan en el transcurso de la auditoría con el propósito de que se apliquen las acciones correctivas propuestas.

Los resultados del examen que se ha tramitado en el Informe Corto a Gerencia, producen los mismos efectos legales, administrativos, técnicos y financieros de aquellos que se comunicaron a través del Informe de Auditoría.

4.3.2 LOS INFORMES

"El informe del auditor es el medio a través del cual el profesional contador público emite un juicio técnico sobre los estados contables que ha examinado. Es la expresión escrita donde el auditor expone su conclusión sobre la tarea que realizó".[13]

CLASIFICACIÓN

Se conocen dos clases principales de informes de auditoría, que comúnmente emite el contador público autorizado y son los siguientes:

---

[13] SLOSSE Carlos, y otros. "Auditoría un Nuevo Enfoque Empresarial" Pág. 678.

- Informe Corto
- Informe Largo

Normas Prácticas de elaboración del Informe

Debido a la información que contienen los informes en la auditoría, es necesario que sean correctamente redactados, fáciles de entender y completos y para lograrlo se requiere de lo siguiente:

- Redactar el informe utilizando lenguaje corriente y evitando el uso de terminología muy especializada.
- Evitar la redacción de párrafos largos y complicados que confunden fácilmente al lector.
- Incluir información suficiente y pertinente de los hallazgos.
- Revisar detenidamente el contenido antes de publicarlo.
- Tratar de conservar la estructura preestablecida en todo momento.
- Incluir solo aspectos significativos e importantes.
- Mantener siempre un tono constructivo, evitando el tono descortés al efectuar críticas.
- Confirmar la exactitud de los asuntos contenidos en el Informe
- Redactar el informe de manera objetiva e imparcial sin tratar de favorecer o perjudicar.
- Revisar la evidencia en los papeles de trabajo si esta es suficiente, competente y pertinente.
- Incluir en el informe la mención de logros sobresalientes.
- Considere en el contenido los atributos del hallazgo, éste es el aspecto más importante.
- Concluir su redacción durante el trabajo en el campo.
- Asegurar una emisión y entrega oportuna.

4.3.3 EL DICTAMEN

Es un documento formal, técnico y profesional cuyo contenido es la opinión del auditor relativo a la naturaleza, alcance y resultado del examen sobre la razonabilidad de los Estados Financieros de una entidad.

Este pronunciamiento se aplica para los informes de auditores emitidos en relación con auditorias de estados financieros históricos presentados con la intención de reflejar la situación financiera, los resultados de las operaciones, los cambios en el patrimonio y los flujos de efectivo de conformidad con principios de contabilidad generalmente aceptados.

4.4 PREGUNTAS DE REPASO

- ✓ ¿La carta de presentación debe contener el currículo vitae de la Empresa y de cada uno de los miembros de la misma? Explique.
- ✓ ¿Toda Auditoría por pequeña que sea debe planificarse? Explique.
- ✓ ¿Cómo incide la visita de iniciación de trabajo de campo –visita previa- en la planificación estratégica y especifica de la Auditoría?
- ✓ Es importante crear documentos pre elaborados para el diseño o rediseño de la planificación de la Auditoría. Explique.
- ✓ ¿Cuántos tipos de informe puede emitir el auditor, luego de la Carta a Gerencia?
- ✓ ¿Por qué el informe de Auditoría lleva la fecha del último día de trabajo de campo?
- ✓ Le gustaría conocer a Ud. en calidad de Auditor interno o externo, ¿el fin que tuvo su informe de Auditoría? Explique.

BIBLIOGRAFÍA

- FONSECA, René Dr. 1989. AUDITORÍA INTERNA. Corporación Edit. Abaco. Ecuador
- GARDNER, Clark. Wolf & Cía. Jul. / 78 EVALUACIÓN DEL CONTROL INTERNO A TRAVÉS DE FLUJOGRAMAS. .Quito. ILACIF
- SANCHEZ, Francisco. (2001).PROGRAMAS DE AUDITORÍA. International Thomson Editores. S. A. de C. V.,
- SLOSSE Carlos, y otros. (1990). "Auditoría un Nuevo Enfoque Empresarial" Edición, 2. Editor. Macchi.
- WESBERRY, Jim. (1975) Control Interno en Una Capsula.1975. Quito CGN.
- Primer Seminario de Auditoría – Viena – Austria 1971 auspiciado por O.N.U.
- Reseña histórica de la Contraloría General del Ecuador. 1971.
- Registro Oficial 337. Marzo 1977
- Revista Alta Dirección 1986.Año XII N°65. España. EDICIONES ANAUDA:
- Santa Biblia.- Historia de José.- Libro de Génesis.- Cáp. 41,1-57

www.ingramcontent.com/pod-product-compliance
Lightning Source LLC
Chambersburg PA
CBHW072229170526
45158CB00002BA/818